Le vieillissement du cerveau

5-7, rue de l'Ecole-Polytechnique, 75005 Paris

http://www.harmattan.fr
diffusion.harmattan@wanadoo.fr
harmattan1@wanadoo.fr

ISBN : 978-2-343-00780-9
EAN : 9782343007809

Jean Sauvy

Le vieillissement du cerveau

Témoignage d'un senior confirmé

L'Harmattan

Ouvrages du même auteur

* *Katanga, 50 ans décisifs*, Collection Connaissance du monde, 1961
* *L'enfant à la découverte de l'espace*, en collaboration avec Simonne Sauvy (pédagogue, épouse de J. Sauvy), Casterman, collection « E3 », traduit en anglais et en italien, Tournai, 1972
* *L'enfant et les géométries*, en collaboration avec Simonne Sauvy, Casterman, collection « E3 », 1974
* *L'industrie Automobile* (« Que sais-je ? » n°714, Presses Universitaires), trois éditions, 22e mille
* *L'automobile*, collection « Repères », Nathan, 1995
* *Les Automobiles Ariès, une marque, un homme, une époque*, Presses des Ponts et Chaussées, 1996
* *Descente du Niger. Trois hommes en pirogue*. L'Harmattan, Paris, 2001
* *Un jeune ingénieur dans la tourmente. 1938-1945*, L'Harmattan, Paris, 2001
* *Monts et merveilles au pays de Fujiyama* (en collaboration avec Olivier Sauvy), L'Harmattan, Paris, 2002
* *Enfance et adolescence d'un petit Provençal entre les deux guerres*, L'Harmattan, Paris, 2003
* *Le périple d'Alaron autour de la Méditerranée* (en collaboration avec Olivier Sauvy), L'Harmattan, Paris, 2003
* *Mon parcours dans le siècle. 1947-2001,* L'Harmattan, Paris, 2003
* *Comment rendre plus attrayant l'enseignement traditionnel.* L'Harmattan, Paris, 2004
* *Un médecin de campagne peu ordinaire. Mon père, le Docteur Jules Sauvy (1879-1957),* L'Harmattan, Paris, 2004
* *Jean Rouch, tel que je l'ai connu*, L'Harmattan, Paris, 2006
* *La maladie d'Alzheimer vécue à deux*, L'Harmattan, Paris, 2007
* *O temps, suspends ton vol. Douze témoignages de personnes très âgées, aux parcours de vie très variés* (en collaboration avec Alain Schvartz), L'Harmattan, Paris, 2008
* *Alzheimer au quotidien. Comment s'y prendre,* L'Harmattan, Paris, 2008
* *Conte de la lune bleue*, L'Harmattan, Paris, 2010
* *Sur les traces du Décaméron de Boccace, 10 personnages contemporains*, L'Harmattan, Paris, 2010
* *Simonne Ragouilliaux Sauvy (1922-2009),* L'Harmattan, Paris, 2010
* *Cléopâtre. Lot d'utopies emportées par le vent* (en collaboration avec Marie-Josèphe Turpault), L'Harmattan, Paris 2012
**Douze aventures qui ont forgé mon caractère*, L'Harmattan, Paris, 2012

* Livres pour la Jeunesse (Casterman, Hachette). Traduction de certains d'entre eux en portugais et en italien.

À la mémoire de Pierre Ponty.

J'avais espéré que toi, Pierre, mon vieux camarade, tu vivrais assez longtemps pour voir sortir le présent livre, un ouvrage dont nous avions souvent parlé ensemble, chez *Pierrot* ou ailleurs, alors que je l'élaborais lentement, au cours des années 2000-2010.

Tu t'y intéressais beaucoup, car, étant du même âge que moi, tu te préoccupais, toi aussi, de l'évolution de ta santé et des performances de ton cerveau.

Nous avions fait connaissance 50 ans plus tôt, sur les bancs de l'École des Ponts et Chaussées, 28 rue des Saints-Pères, Paris. Nous avions vécu ensemble en 1938-1941, à la Maison des Mines et des Ponts et Chaussées, 170 rue Saint-Jacques, à Paris, nous avions organisé, en compagnie de notre camarade Jean Rouch, une expédition ethnographique (descente du fleuve Niger en pirogues, des sources à l'embouchure.)

Après nos mariages respectifs, à Paris, nous ne nous étions pas perdu de vue, et, à l'âge de la retraite, nous avions renforcé notre camaraderie, alors que nous habitions à Meudon, proches l'un de l'autre.

Hélas, en 2012, début janvier, tu m'as devancé. Je t'ai rendu visite, pour la dernière fois, à la clinique de Meudon, peu de jours avant ton décès. C'est au columbarium du cimetière de Triviaux, où, le cœur serré, ne pouvant maîtriser mes larmes, que j'ai pris définitivement congé de toi, après 70 ans d'une amitié sans failles. Tu me manques énormément.

Jean Sauvy.

Avant-propos.

1. Quand, pourquoi, comment.

Mon attention avait été retenue, voici quelques années, par un article mentionnant une étude de *Carnegie Mellon* selon laquelle, en substance, «le cerveau ne vieillirait pas». Lorsqu'on le stimulerait par des exercices répétitifs, il continuerait à se doter de nouveaux neurones, il mettrait en place de nouvelles connexions inter neuroniques et, ce faisant, il augmenterait sa plasticité et ses capacités.

(Il s'agissait d'une étude publiée dans le numéro de janvier 2008 de Science*, «Explaining how neuronal connexions continue to strengthen after repeated stimulation»).*

Ces considérations m'ont conduit alors à m'intéresser, de façon plus générale, au «vieillissement du cerveau» et je me suis dit que la question était suffisamment au goût du jour, alors que la population mondiale compte une proportion de personnes âgées en progression permanente, pour mériter une étude particulière. Et l'idée m'est venue, tout naturellement, d'élaborer une sorte de thèse sur la question, en prenant appui sur l'expérience d'une personne, moi-même, qui a atteint ses 96 ans le 29 avril 2012, ainsi que sur les témoignages que je recueillerais dans mon entourage, auprès des personnes âgées intéressées par mon entreprise.

Dès ce projet formé, j'ai commencé à élaborer un plan de développement.

Je devrai, me dis-je, ne pas me contenter de prendre en compte les capacités de raisonnement logique incombant au cerveau. Je devrai envisager aussi quels sont les grands sujets de réflexion auxquels s'intéressent les cerveaux des personnes âgées. Et je devrai pousser des interrogations en direction de l'imaginaire, de la spiritualité, de l'art, de la poésie et des rêves.

2. Rappel des rôles du cerveau.

a). L'observation et l'analyse des données (prospection, faits marquants, recueil et classement des données, réalisation de pondérations, d'inventaires …).

b). Le raisonnement hypothético-déductif et la pratique du cheminement de la pensée par essais et erreurs, au préalable à la prise de décisions. Précisions sur les buts à atteindre, sur le choix des stratégies et des tactiques à suivre, inventaire des moyens disponibles, planification du déroulement de l'opération. Prise en compte du hasard, estimation des probabilités (exemples pris dans mon expérience des dix ans écoulés).

c). La pensée imaginative et analogique. Recours aux images, aux analogies. Élaboration de contes, de nouvelles, de romans, de poèmes, de chansons, de scenarii (exemples pris dans mes propres « créations », notamment l'élaboration des nouvelles que j'écris à l'occasion de concours littéraires locaux.

d). L'intuition et la dérision.

3. Quelques données factuelles concernant mon passé.

Étant né le 29 avril 1916, j'ai atteint les 96 ans en 2012. Mon père était médecin de campagne, installé au début du 19è siècle, dans un petit village des Alpes Maritimes, Spéracèdes. C'est là que j'ai vécu jusqu'au moment où, pour poursuivre mes études, j'ai dû rejoindre, comme pensionnaire, d'abord le collège de garçons de Grasse, puis le lycée Masséna de Nice.

Au total, je pense avoir reçu une éducation intelligente, mais à la dure, dont les premières années en milieu rural, et la suite en communauté scolaire.

Reçu, en 1938, à l'École des Ponts et Chaussées, 28 rue des Saints Pères à Paris, j'en sors, après une interruption de quelques mois, en 1939-40, (ayant été mobilisé alors dans le Génie et nommé Aspirant), avec le titre d'ingénieur civil des Ponts et Chaussées.

Au cours de mes études à Paris, je diversifie mes intérêts et passe une Licence es Lettres, avec, notamment, un certificat d'ethnologie. En 1942, fuyant l'occupation allemande, je m'engage comme Ingénieur adjoint des Travaux Publics des Colonies et je rejoins la Guinée française, puis le Soudan français (actuellement Mali). En 1942, après le débarquement américain en Afrique du Nord, bien que foncièrement antimilitariste, je rejoins, comme officier du Génie, le Corps expéditionnaire français en formation, créé pour renforcer les armées alliées dans leur lutte contre les Allemands.

Campagne d'Italie, débarquement en Provence, libération de la France (de Saint-Tropez au Rhin).

J'épouse Simonne Ragouilliaux, en 1949.

En 1951, redoutant un nouveau conflit mondial, nous quittons la France pour le Congo belge où je conduis un important chantier de travaux publics (800 salariés). Après un séjour de trois ans, nous rentrons en France en 1953 et notre fils, Olivier, naît le 25 octobre 1954.

4. Quelques données factuelles concernant la vie que je mène depuis ma retraite.

Je prends ma retraite en 1982 à 66 ans, retraite qui se déroule à Meudon, non loin de Paris. Nous nous installons, ma femme et moi, dans un appartement avec terrasse et jardin en copropriété, dans un coin calme du quartier Val Fleury. Mon épouse et moi nous partageons les tâches ménagères jusqu'à ce que, en 1996, la santé de ma femme commence à se dégrader, lui faisant progressivement perdre son autonomie (maladie d'Alzheimer).

Je dois alors prendre entièrement en charge les activités de tous ordres du ménage (avec l'assistance d'une aide ménagère qui nous a pris en amitié, mon épouse et moi). Quand la maladie d'Alzheimer s'affirme et qu'elle est administrativement reconnue, je suis désigné comme tuteur légal de mon épouse, sous contrôle judiciaire.

Les années qui s'écoulent entre 1996 et 2009 (année du décès de Simonne) sont pour moi très éprouvantes à tous égards, sur le plan des sentiments, bien sûr, mais aussi en ce qui concerne la vie courante. Je dois en effet, dans de nombreuses circonstances, faire face à des situations exceptionnelles, telles qu'une chute que fait mon épouse en pleine nuit, nécessitant l'appel aux urgences et un accompagnement à l'hôpital, ou encore la décision de l'abandon du logement en appartement pour un séjour en maison spécialisée.

À partir de 2006, après divers essais, mon épouse est prise en charge par la maison de santé *Claire Demeure* de Versailles. Quant à moi, j'occupe désormais une chambre dans la maison de retraite *Le Châtelet*, de Meudon.

5. Scrupules : interrogations sur le terme « cerveau »

Alors que je mets sur pied le présent manuscrit, voici qu'un scrupule me vient. Tout au long de mon texte, j'utiliserai le terme « cerveau » sans toujours me préoccuper de ce que ce mot désigne exactement. Je parlerai de mon cerveau comme s'il s'agissait d'une entité bien identifiable et dont les fonctions seraient assimilées à l'organe proprement dit. C'est-à-dire que j'inclurai sous ce vocable tous les constituants de ma personnalité logés sous mon crâne, qu'ils se rattachent directement ou non aux fonctions strictes du cerveau. La neurobiologie serait riche d'enseignements et d'informations sur ces dernières. Mais mon approche n'est en rien celle d'un spécialiste du cerveau.

Alors que mes forces physiques ont, de toute évidence, décliné au fil du temps, ce que je veux tenter de faire, c'est d'analyser l'évolution parallèle de mon comportement intellectuel, ce terme étant pris au sens large.

Je suis conscient que, ce faisant, mon « cerveau » ne saurait être entièrement objectif, puisqu'il sera à la fois juge et partie. Et cela, même si je m'efforcerai, autant que je le pourrai, de prendre de la distance dans l'examen des situations que je me proposerai d'observer.

Mais, foin de trop de scrupules, revenons au cerveau lui-même.

I. Exemples du rôle que joue quotidiennement mon cerveau dans ma vie de personne âgée.

1. Rôles de la télévision, de la presse écrite, des échanges de vues et de l'ordinateur.

Je commence par la routine de la vie quotidienne, quand aucun incident majeur ne vient la bouleverser, plus ou moins profondément.

Dans ce cas de figure, quand je m'interroge sur le rôle de mon cerveau, je constate que, en plus des conversations, les médias et un appareil informatique y tiennent un rôle non négligeable. Dans mon cas, il s'agit essentiellement de la télévision et de la presse écrite, pour ce qui concerne les médias, et de l'ordinateur, celui-ci faisant un peu jeu à part.

Dans ma vie courante, alors que les années sont venues s'ajouter aux années, j'ai toujours ressenti le besoin de me tenir informé de la façon dont marchait le monde, de ses lents changements en profondeur, de ses brusques soubresauts et de ses crises, plus ou moins longues.

Je l'avais fait dans ma vie active à titre professionnel. J'y avais pris goût et c'est tout naturellement que j'ai continué, une fois venue la retraite, à le faire. Je le fais à petite dose toutefois, essayant d'être très sélectif dans les moyens employés et de n'y consacrer qu'un temps raisonnable.

C'est ainsi que j'ai supprimé totalement l'écoute de la radio et que j'ai limité la télévision à quelques émissions : un seul journal télévisé par jour, « Questions pour un champion », « C'est dans l'air », « Les chemins de la foi » du dimanche matin sur la 2.

Pour la presse écrite, je lis assez régulièrement *le Parisien* et je jette parfois un coup d'œil sur *Libération* et *le Herald Tribune.* D'autre part, je prends connaissance des articles de presse et des analyses que me fournit régulièrement mon fils, des articles portant plus spécialement sur le vieillissement, la gérontologie, les grandes maladies dégénératives telles que l'Alzheimer, mais aussi sur les grandes tendances et les évolutions de la société.

Je n'ai pas l'impression que ces activités de mise à jour sollicitent spécialement mon cerveau. Pour lui, il doit s'agir de routine. Et cela concourt, peut-être, à lui assurer un sain volant d'activité.

Je continue par ailleurs à apprécier les conversations que je tiens avec des interlocuteurs variés, échanges de vues relatifs aux problèmes du jour, ainsi que les grandes questions concernant l'avenir du monde et de la planète. En ces occasions, je m'efforce de cultiver davantage la convivialité et l'empathie que l'information et la réflexion. Et, sans doute, est-ce bon pour l'ensemble de mon être et non primordialement pour mon cerveau.

À ce point, je dois revenir sur les activités de conversation auxquelles je viens de faire allusion, afin de parler plus longuement des modalités un peu spéciales de certaines d'entre elles. Il s'agit de conversations convenues et organisées, que j'ai longtemps tenues avec Pierre Ponty, mon camarade depuis plus de soixante ans, qui habitait Meudon, non loin de ma résidence.

Alors qu'il était encore en assez bonne forme et valide, nous étions convenus de nous retrouver, au moins une fois par semaine, autour d'une tasse de café, en particulier *Chez Pierrot,* près de la gare de Bellevue, et d'axer notre conversation sur un sujet précis nous intéressant tous deux.

Le plus souvent, nous cherchions à tester nos connaissances sur la langue française, en nous attaquant à des mots qui sont, soit rarement utilisés, soit assez délicats à employer. Après nos échanges, j'élaborais un bref compte-rendu que j'insérais, sous forme d'un Journal littéraire, sur mon ordinateur. J'en reproduis ci-dessous quelques extraits.

24 septembre 2007.

Coup de fil à Ponty, qui m'a laissé sans nouvelles, alors qu'il m'avait promis de m'appeler. Il m'apprend qu'à la suite d'une chute qui lui a fait craindre une côte cassée, il s'est abstenu de sortir. Le voilà à nouveau sur pied. Nous nous retrouvons *chez Pierrot*, pour notre rencontre néo-socratique hebdomadaire.

Aujourd'hui, je lui propose que nous nous entretenions de l'évanescence (la notion et le terme). Il accepte et le sujet se révèle intéressant. Nous sommes d'accord sur le fait que la notion n'a pratiquement rien à voir avec l'évanouissement d'une personne. Pour Pierre, l'évanescence est disparition progressive d'un phénomène. Je lui fais préciser que, selon lui, contrairement à ce qui se passe lors d'un évanouissement d'une personne humaine, après lequel, en général, la personne atteinte revient à elle, lors de l'évanouissement d'un phénomène, il n'y a pas forcément retour à la vie. En somme, évanescence ne se rattache pas à évanouissement. Et n'a pas non plus à voir avec la notion de naissance, sinon l'assonance des termes.

De retour au *Châtelet*, je consulte le *Grand Larousse* et j'apprends que le mot français vient du latin, « qui disparaît par degré », et s'applique en particulier au nectaire, glande végétale qui disparaît progressivement quand le fruit se développe. En phonétique, se dit d'un phénomène qui s'amuït (tend vers zéro). Et je constate que je ne connaissais pas ce dernier mot.

27 septembre 2007.

Le mot du jour est « convoiter ». Ce mot signifie : vouloir s'approprier quelque chose qui vous tente et qui ne vous appartient pas.

Du latin *cupiditus* (désir).

Dans le grec du *Nouveau Testament* : epithumia, de la racine thumos = souffle, volonté, siège des passions. Il existe en psychologie le terme thymie = humeur, qu'on retrouve en particulier dans cyclothymique.

Dans le *Nouveau Testament*, il y a une cinquantaine d'emplois soit du substantif epithumia soit du verbe epthumein. Par exemple, l'évangile de Marc (4/7) : « ceux qui écoutent la Parole, mais en qui les soucis du siècle, la séduction des richesses et l'invasion des autres convoitises étouffent la parole, ils la rendent infructueuse ».

Il est naturellement impossible pour moi de préciser quelque peu le rôle que de telles conversations orientées peuvent avoir sur mon cerveau. Je suis toutefois convaincu qu'elles ne peuvent lui être que bénéfiques, parce qu'elles l'incitent, de façon toute gratuite, à porter son attention sur les nuances que comportent certains mots et, au-delà, sur les mystères de la signification en tant que processus essentiel de la connaissance et de la communication entre les hommes. Je pressens une sorte d'analogie entre ce rôle-là et le rôle que joue le jeu de l'enfant dans le développement de sa pensée cognitive.

Je dois maintenant en venir à un instrument qui joue un grand rôle dans ma vie intellectuelle depuis une quinzaine d'années, l'ordinateur.

Il y occupe une place importante, car je l'utilise à des fins multiples et cela souvent, en moyenne, deux à trois heures par jour. Je m'en sers, en effet, en tout premier lieu

pour ma correspondance courante. Or, celle–ci est assez abondante car, au fil des ans, j'ai établi des relations avec de nombreux correspondants. Et, dans bien des cas, je ne peux communiquer avec eux que par correspondance (étant peu porté, en effet, à utiliser le téléphone et ayant renoncé à Internet, après un essai de trois mois).
Pour cette correspondance, quand il s'agit de textes un peu longs et dont je souhaite conserver la trace, je recours à l'ordinateur et à l'imprimante. Je me mets également à mon clavier pour rédiger les manuscrits sur lesquels je travaille, œuvres sérieuses destinées à être imprimées ou plus ou moins divertissantes.

En ces occasions, j'apprécie de pouvoir modifier aisément ma rédaction, de pouvoir contrôler mon orthographe et de pouvoir corriger mes fautes de frappe. Je goûte tout particulièrement les possibilités d'archivage que m'offre cet appareil. J'ouvre en effet très facilement autant de rubriques que je le souhaite. J'ai ainsi une entrée *Vie à Claire Demeure* (résidence de mon épouse, avant son décès), une autre *Le Châtelet*, une troisième *Alzheimer*, d'autres encore telles que *Courrier récent*, *Poésie*, *Zen…*

Et il m'arrive de caser tel de mes textes dans plusieurs rubriques différentes, chacune d'elles étant concernée par certains aspects de ce texte. Et, par la suite, je « vais à la pêche » dans telle de ces rubriques qui me paraît la mieux appropriée pour m'informer sur le sujet qui me sollicite.

Concernant l'impact de la pratique de l'ordinateur sur mon cerveau, j'ai l'impression que cet impact est important car, lorsque je m'en sers, le cerveau est sans cesse sollicité. Dès que je veux réaliser un document, je dois procéder à des choix concernant le format du texte à rédiger, de la police à adopter, de la disposition des paragraphes. En cours de route, je peux être conduit à modifier ces dispositions, à procéder à des vérifications et à des corrections. J'ai le loisir de revenir en arrière, de procéder à des insertions. Mais, chaque fois, il faut que je mette en œuvre un programme approprié, une manœuvre adéquate. Et, naturellement, c'est le cerveau qui se charge de mener le bal, renforcé par la routine et les habitudes. Et, dans la mesure où il ne reste pas inactif, j'imagine « qu'il doit se maintenir en forme », voire « qu'il doit s'assouplir ».

Mais parfois, rarement, mais ça arrive, mon cerveau me déçoit. Il baisse la garde et me laisse faire de fausses manœuvres. Me voilà alors dépassé par l'intelligence de mon ordinateur, de mon ordinateur qui suit sa propre logique et refuse d'obéir à ce que je crois être le bon chemin, un chemin qui ne lui convient pas. Et parfois, je suis obligé de reconnaître mon incapacité à me tirer d'affaire. Je fais alors appel à une aide extérieure, ou je débranche l'ordinateur, ce qui remet tout à zéro et en bon ordre de marche. Dans ce dernier cas, parfois, je laisse quelques plumes dans la manœuvre et je perds un texte que j'avais commencé à rédiger avant l'irruption de mon étourderie.

2. Quand je mets mon cerveau au service de la pédagogie.

Les circonstances ont fait que j'ai été amené, en 2007, à donner régulièrement, à titre bénévole, des leçons d'anglais à une dame retraitée, habitant Meudon, qui cherchait un professeur d'anglais. Son fils et deux de ses petits-enfants habitent en effet Miami, ce qui lui donnait l'occasion de se rendre aux États-Unis environ une fois par an. Mais ses séjours là-bas ne lui avaient pas permis, jusqu'ici, de maîtriser la langue anglaise et elle souhaitait améliorer ses connaissances en la matière, sans suivre toutefois des cours trop contraignants. J'avais vu là une bonne occasion de faire du bénévolat, tout en ayant une activité de diversion et d'entretenir ma connaissance de l'anglais.

Dans la mesure où mon élève habitait le quartier de Val Fleury, assez éloigné de ma propre demeure, et où elle était assez occupée, nous étions tombés d'accord pour que la plupart des cours aient lieu par téléphone.

Après réflexion et expérimentation, j'avais mis au point la méthode suivante. Je rédigeais un texte dactylographié d'une page comportant une série de phrases simples en anglais, suivies de leur traduction mot à mot en français. Chacun de nous disposait d'un exemplaire de ce document (voir l'exemple ci-dessous).

07 January. Monday (07 janvier. lundi)
« Today the lesson will be around clothes, specialy women clothes.
Aujourd'hui, la leçon sera au sujet des vêtements, spécialement des vêtements de femme.
In English, we get many words to speak abouth clothes.
En anglais, nous disposons de nombreux mots pour parler des vêtements.
The most important is the verb « to dress ».
Le plus important est le verbe « habiller, s'habiller ».
For instance, you will say : « I am warmly dressed today because the weather is cold ».
Par exemple, vous direz « Je suis chaudement vêtue parce que, aujourd'hui, le temps est froid ».
In order to speak about women clothes in general you will use the name « wardrobe »
Pour parler des vêtements de femme en général, vous utiliserez le nom « garde-robe ».
When you have left your coat at the entrance of a museum or a theater and you want to get it back when you leave, you ask: « Please, can I have my coat ? ».

Quand vous avez laissé votre manteau à l'entrée d'un musée ou d'un théâtre et vous voulez le récupérer quand vous quittez, vous demandez : « S'il vous plaît, puis-je avoir mon manteau ? »
And you show the attendant the corresponding ticket.
Et vous montrez au préposé le ticket correspondant ».

L'exercice se déroulait comme suit. Je lisais à haute et intelligible voix le texte anglais. Dès que j'avais terminé, mon élève essayait de le répéter le plus exactement possible. Au besoin, en cours de route, je corrigeais, avant une relecture finale d'un seul trait.

Au fil des semaines, nous avions eu le plaisir de constater d'indéniables progrès. L'élève était satisfaite et le professeur improvisé estimait qu'il n'avait pas perdu son temps.

Quant à mon cerveau, il semblait avoir joué le jeu. Le mot « jeu » étant pris au sens propre du terme, car, pour l'élève comme pour le maître, il s'était bien agi d'un divertissement.

3. Mon cerveau face aux avatars, aux imprévus, aux coups durs.

a) Un premier exemple : accident de santé d'un proche.

Un premier exemple du rôle du cerveau face à des événements inattendus m'est fourni par un accident de santé de mon épouse. Cet événement mit à l'épreuve mes capacités de réaction face à une situation imprévue exigeant des décisions rapides.

Le 24 août 2002, mon épouse monte dans ma chambre (un étage au-dessus de sa propre chambre) vers 23 h 30, me disant qu'elle vient d'être réveillée par un violent mal de tête et qu'elle souffre de son œil droit. Je l'examine et je me rends compte immédiatement que c'est sérieux. Sans perdre de temps, je consulte mon carnet d'adresses et, par téléphone, je fais appel au médecin de garde de Meudon, le Dr Saupin-Tricaud. Celle-ci réagit immédiatement et bientôt sonne à ma porte. Examinant la malade, elle constate une tension artérielle anormalement élevée, mais pense qu'il n'y a pas eu d'hémorragie cérébrale grave. Elle prescrit du Moduretic et de l'Efferalgan, médicaments dont je vais me pourvoir auprès de la pharmacie de garde, dès le lendemain dimanche, 25 août, et que j'administre, sans perdre de temps. Cette journée se passe relativement bien. La malade ne se plaint pas de douleur à la tête, mais la vision de son œil droit reste médiocre et plusieurs de ses gestes et déplacements s'en trouvent perturbés.

Le soir, nous prenons à 19 h, presque normalement, le repas frugal que j'ai préparé. Mais, vers 19 h 45, après un bref passage à la salle de bain, alors que Simonne regagne sa chambre toute proche, elle s'écroule dans le couloir. Je me précipite et, n'ayant pas réussi à la relever par mes propres forces (j'ai alors 86 ans), je fais appel à un voisin complaisant et à son épouse (pharmacienne). Eux réussissent à l'étendre sur son lit, alors qu'elle a repris connaissance. Ils me conseillent d'alerter un médecin et ils se chargent d'en appeler un. Celui-ci, Jean-Pierre Naouri, venu de Boulogne-Billancourt, arrive vers 21 h et prescrit une hospitalisation en service d'urgence. Il fait le nécessaire et une ambulance arrive une 1/2 heure plus tard. Transport à l'hôpital Antoine Béclère de Clamart, où je l'accompagne. Examens (scanner) et, le lundi, vers 2 h 30 du matin, hospitalisation dans le service des soins intensifs (chambre 307). Là, au cours d'un déplacement aux toilettes par ses propres moyens, la malade coince sa main dans la porte et luxe le petit doigt de sa main droite. Le mercredi 28 août, elle est transférée (en chambre individuelle n°329), dans le service d'hépatologie, où elle est prise en charge par le Dr Fallik, assistant. Dans l'après-midi, intervention d'un interne en chirurgie qui traite le petit doigt de la main endommagée et pose une attelle (dont le garrot de fixation au poignet, très serré, gène la malade), m'expliquant que cette attelle devra être conservée pendant 15 jours.

Les jours suivants (29/30/31 août et dimanche 1er septembre 2002), Simonne fait l'objet des examens et des soins usuels (pansements sur divers hématomes, notamment). On constate alors une lente amélioration de l'état de la malade (qui retrouve un peu d'autonomie).

Le lundi 2 septembre, la neurologue de l'hôpital examine la malade et diagnostique à cette occasion la maladie d'Alzheimer. Le mardi 3, le médecin m'indique que son état physique ne nécessite pas son maintien en hôpital et qu'elle pourrait, en fin de semaine, regagner son domicile ou être transférée dans un établissement prenant en charge les malades d'Alzheimer. Le mercredi 4, l'assistante sociale rend visite à la malade en ma présence et m'accorde un entretien au cours duquel elle me précise les démarches à faire pour obtenir une aide à domicile et l'allocation personnalisée d'autonomie (APA).

Le jeudi 5 septembre, je prends contact avec le Centre communal d'Action sociale de Meudon et j'obtiens, en dépannage, une aide ménagère pour le lundi et le mercredi suivants (14 h 30 à 16 h 30), ainsi que le dossier nécessaire pour l'allocation personnalisée d'autonomie.
Après une visite au Dr Laurent, pour l'informer de l'évolution de la situation de sa malade, je dépose à la mairie le dossier pour l'allocation personnalisée d'autonomie.

Le lundi matin, 9 septembre, prise de sang, puis transport en ambulance de la malade à son domicile. L'après-midi, visite de l'aide ménagère que m'a allouée la mairie Le mardi matin, 10 septembre, visite du Dr Laurent. Celui-ci confirme la prescription qu'avait faite

Béclère de prendre du Melleril (un comprimé le soir), pour faciliter le sommeil (médicament qui se révélera efficace, les nuits suivantes). Le docteur trouve l'état de la malade satisfaisant. Il promet de revenir quand il aura reçu le dossier médical établi par l'hôpital.

Ainsi, au cours de la période sous revue, en tant qu'accompagnant de mon épouse, j'ai été en permanence sollicité, j'ai dû examiner les données des problèmes posés, envisager les solutions possibles, prendre les décisions appropriées et faire le nécessaire, sans perdre de temps. Dans l'ensemble, mes interventions se sont révélées efficaces et les problèmes posés ont été résolus dans des conditions relativement satisfaisantes.

Pour autant que je puisse en juger rétrospectivement, il me semble que je n'aurais pas fait mieux, ou guère mieux, vingt ou trente ans plus tôt.

b) Un deuxième exemple : démarches administratives impromptues.

Un deuxième exemple m'est fourni par la démarche que je dois faire à un certain moment auprès de ma banque pour qu'elle prenne en compte la nouvelle situation administrative où je me trouve concernant mes relations et celles de mon épouse à son égard. Cette démarche fait l'objet de la lettre que j'adresse à la banque le 27 novembre 2002, reproduite in extenso ci-dessous

Lettre de Jean Sauvy à M. Gayet (*Crédit Agricole* Meudon)

<< J'avais pris rendez-vous avec vous, mardi prochain. Je ne pourrai m'y rendre, à cause d'un contretemps. À défaut, je m'adresse à vous par écrit afin de vous mettre au courant des modifications qui vont intervenir prochainement dans mes rapports avec votre agence.

Compte tenu de mon âge (86 ans) et de la mauvaise santé de mon épouse (maladie d'Alzheimer), j'ai décidé de rejoindre, ainsi que mon épouse, la *Résidence Bel Air* de Clamart (104, avenue Henri-Barbusse.) Toutefois, dans un premier temps, je conserverai mon habitation de Meudon et mon compte en banque dans votre Agence.

Par ailleurs, mon épouse a désormais besoin d'être représentée dans les actes de la vie civile. Je dois donc faire une demande auprès du Tribunal d'instance pour sa mise en tutelle. Afin de me permettre d'établir le dossier correspondant, j'ai besoin d'un document faisant état de la situation bancaire du couple et de notre portefeuille de placements. Je m'adresse à vous pour établir cet état, vous demandant de bien vouloir le faire dans les meilleurs délais.

Enfin, je souhaiterais mettre un terme au compte joint dont nous disposons auprès de votre agence et lui substituer un compte dont je serai le seul titulaire. Veuillez m'indiquer quelle est la marche à suivre.

Veuillez également noter que, pendant quelque temps, vous ne pourrez me joindre facilement par téléphone. Par contre vous pourrez me laisser des messages auprès de la réception de *Bel Air*. >>

L'examen a posteriori de ce document me donne à penser que, devant mettre mes affaires bancaires en ordre, j'avais, à l'époque, soigneusement examiné le problème et j'en avais fait le tour, l'exposant à qui de droit par écrit, de façon claire et concise. Autrement dit, mon cerveau avait alors fait son travail correctement.

c) Un troisième exemple : inventer de nouveaux rapports conviviaux avec un proche en difficulté.

Mon troisième exemple est d'une tout autre nature. Il s'agit des rapports que j'avais décidé d'établir et de développer avec mon épouse, atteinte de la maladie d'Alzheimer.

C'était désormais un type de rapports tout à fait nouveau pour moi. En effet, la personne avec qui je devais les établir était un être humain très spécial, qui, notamment, entretenait de nouveaux rapports personnels avec l'espace et avec le temps, mais qui restait liée à moi par des liens subtils (affection, souvenirs communs) très forts. D'autre part, cette personne était quasi totalement dépendante. Je devais me substituer à elle pour de nombreuses décisions la concernant, je devais décider pour elle.

Établir de tels rapports était une mission extrêmement délicate, mais passionnante, et qui se révéla très enrichissante pour moi.

Le moment venu, je l'ai entrepris avec vigueur, mais avec précaution et rigueur. J'ai observé, j'ai expérimenté, et, parallèlement, j'ai forgé des concepts relativement nouveaux, tels que la « thérapie sensori-motrice ». J'ai esquissé des cheminements, j'ai progressé et régressé, par tâtonnements, par essais et erreurs. Conjointement, j'ai multiplié les contacts avec des personnes ayant le même type de problèmes à affronter, et cela afin d'échanger nos idées et de nous enrichir mutuellement.

Quelques années plus tard, alors que je pense avoir réussi à mettre au point un type de convivialité avec mon épouse malade qui semblait lui convenir, comme il convenait à moi-même, je considère rétrospectivement que, dans la multiplicité des tâches que j'ai dû accomplir, mon cerveau ne m'a pas déçu. Il m'a permis d'agir avec vigueur, de ne pas baisser les bras. Et, pour cela, il a fallu qu'il accepte les doutes, les hésitations, les tâtonnements. Il a dû oublier, au moins partiellement, certaines des connaissances héritées de l'enseignement cartésien qu'il avait reçu, il a dû accepter de donner une certaine priorité à l'enseignement socratique, aux sagesses provençales ou à la pensée Zen.

Un grand merci, ami cerveau, pour la plasticité dont tu as su faire preuve !

4. Quid de la pensée imaginative et analogique ? Régresse-t-elle, maintient-elle le statu quo, ou fleurit-elle quand vient l'âge ?

Les exemples que je viens de présenter, concernant le fonctionnement de mon cerveau au cours de diverses étapes de mes années de vieillesse, ont mis l'accent sur le recours à la pensée dite « hypothético-déductive » ou encore « dialectique », pensée qui joue les premiers rôles dans le déroulement de la vie pratique quotidienne et permet à l'homme de se tirer d'affaire au jour le jour, dans les multiples dédales de la vie.

Or, ce type de pensée, s'il est essentiel, joue rarement seul sur la scène où les humains déploient leurs arabesques. Tantôt, il est plus ou moins auréolé, tantôt il est quasi totalement remplacé, par un tout autre mode de pensée, un mode que l'on peut qualifier, en première instance, d'imaginatif. Celui-ci se caractérise par le fait qu'il recourt librement aux images et aux analogies, plutôt qu'aux discours savamment emmanchés.

30 septembre 2011.

La Tapisserie de Bayeux.

Cette tapisserie-là, alors que j'écris, ce matin, je ne l'ai pas sous les yeux comme lors de la visite d'une exposition. Non ! Elle m'habite. Elle est une version amicale et transfigurée de moi-même. Une version feutrée, quasi végétale, vaguement animée. Elle est mon double, tantôt marchant à mon côté, tantôt m'enveloppant, telle une cagoule ou un suaire. Nous nous positionnons l'un par rapport à l'autre, nous confondant, tels des amants enlacés, sur un même sofa. Le monde qui nous accueille tourne à l'abri d'un Jardin d'Eden, sans ciel ni sous-sol. Nous nous élaborons conjointement, patiemment, maille après maille, faisant s'entrecroiser ou se mélanger les couleurs, mais aussi les teintes, la qualité propre des tissus. Des figures, c'est-à-dire des épisodes de la vie quotidienne, s'esquissent, parfois s'affirment, devenant visages. Et des sourires ou des froncements de sourcils prennent consistance. Les mots ne sont pas loin, les lèvres trémoussent, tapis aux mille couleurs. Mais on ne les entend pas, car ils sont seulement l'ombre de mots. Ils sont discrets et disparaissent, à peine entrevus.

Et voilà que la tapisserie se met à vibrer, se met à conter. À conter un conte de fée. Nous voilà embarqués sur le chemin de Samarkand, voguant sur un bateau aux ailes déployées. La tapisserie s'est dédoublée en deux volets. Ceux-ci se déroulent à tour de rôle, tels des fragments de film, esquissant un pas de deux, ici ou là.

Les fraises se mélangent aux cerises, Le melon flirte avec la pastèque. Les ombres s'allongent et les pigeons roucoulent, à perdre l'âme. Et voici que les mailles se chamaillent dans la cour de l'école et que retentit le Boléro de Ravel. Un, deux, trois, quatre, cinq, six.

C'est grâce à ce mode de pensée imaginatif que les hommes, dès leur jeunesse et jusqu'à leur mort, peuvent élaborer des contes, des poèmes, des chansons, des scenarii, des nouvelles, et même, pour quelques-uns, des romans ou des pièces de théâtre.

Et c'est sur ce deuxième type de pensée que je vais désormais porter mon attention, en essayant de voir, dans mon cas particulier, si le vieillissement s'est accompagné en la matière d'une régression, d'un développement, ou s'est maintenu sensiblement au même niveau.

a). Création de contes

J'ai été attiré très tôt par les contes et, dès mes jeunes années, j'ai eu envie d'en créer moi-même. Alors que j'étais élève pensionnaire, je laissais volontiers, pour aider à tuer le temps, parler mon imaginaire, me racontant des histoires, des histoires qui, en général, virevoltaient un instant dans ma tête puis disparaissaient, sans laisser de traces.

Durant mes séjours en Afrique, quand l'occasion s'en présentait, je me laissais volontiers aller à me faire traduire un conte qu'un griot avait raconté la veille, en ma présence, mais dont le sens exact m'avait échappé, faute d'interprétation.

Beaucoup plus tard, vers les années 1980, je me suis amusé à en écrire et, pour corser les choses, j'ai imaginé un concept original, que j'ai qualifié d'« histoire à construire ». Sur les livres de cette nouvelle collection, accueillie par *Casterman*, je proposais au lecteur d'élaborer lui-même une histoire en organisant à sa façon des chapitres que je lui offrais en désordre.

Durant mes années de vieillesse, quand j'ai dû passer de longues heures auprès de mon épouse malade, en tentant de la distraire, j'ai eu tout naturellement recours à différents types de contes, le plus souvent sur le mode improvisé et fantaisiste.

J'avais notamment imaginé de donner la parole à Marius de Marseille, personnage malicieux et cocasse, s'exprimant par ma bouche avec l'accent et l'humour provençaux. Par exemple, je le faisais « monter à Paris » à l'occasion du 14 juillet, le faisant plaisanter au sujet de la Gare de Lyon qui jouait les friponnes en ne se trouvant pas à Lyon, prenant lui-même un hélicoptère pour visiter Paris vu du ciel, mais s'endormant à son bord en raison du bon repas qu'il venait de faire, et ne voyant donc rien de la ville capitale.

Dans un tout autre registre, m'inspirant cette fois des fables de La Fontaine – dont mon épouse fut longtemps capable d'en réciter plusieurs par cœur, mieux que moi – j'imaginais des scènes cocasses, par exemple dans une ferme, entre un coq matamore et un âne désinvolte, les deux partant ensemble en goguette et s'amusant à intervertir les rôles, passant inopinément « du coq à l'âne et de l'âne au coq ».

En ces occasions, en général, mon épouse se laissait prendre au jeu et, sur mon invitation, elle répondait par des «hi-han» aux «cocoricos» que je chantonnais devant elle, le tout se terminant par des sourires, et même, parfois, par des éclats de rire.

Et, pour moi, cette littérature orale qui ne laissait que rarement des traces écrites sur mon ordinateur, me remplissait d'aise, essentiellement parce que je constatais qu'elle jouait un rôle positif au cœur de la thérapeutique pragmatique que je tentais d'élaborer.

b). Dans le sillage de la poésie.

Dans le sillage de ces divagations poétiques qui se nourrissaient de déraison et de dérision, je me suis laissé parfois glisser sur les pentes de la poésie pure, telle qu'elle fut mise à l'honneur par un Ronsard ou par un Lamartine. Comme eux, j'apprécie les rimes et les sonorités chantantes, et comme eux, mais à ma façon, je laisse parfois courir ma plume.

Voici trois exemples de ces poèmes :

La feuille affolée

Une feuille, parmi d'autres,
une feuille d'érable ou de tilleul,
une feuille s'enfuit, volant de ci, de là,

ne sachant trop
quel chemin prendre.

Mais voici que le vent faiblit.
La feuille, de tilleul ou de tremble,
se fige et s'installe dans le paysage,
y implantant
comme un zeste de mélancolie.
Meudon, 31 décembre 2005, 17 heures.

Fleurs bleues

Sans cesse en alerte,
Le bec au vent,
ce matin, Maître Pigeon ne vole pas.
Sur le trottoir, il tergiverse,
de ci, de là,
pareil à la,
pareil à la feuille éplorée.

Sans médaille, ni ribambelle,
Maître Pigeon
ce matin tergiverse.

Sous le vent qui soudain frémit,
sous l'œil bleuté du ciel
qui, tout là-haut, somnole,
la feuille se fait hirondelle.

Sur la fragile tige
du lavandin aux reflets bleus de mon balcon,
un lourd frelon se pose.

Bientôt enfoui dans la fleur,
il en déguste le pollen,

un instant balance, puis s'envole
vers l'œil du ciel qui n'en peut mais,
laissant ainsi la tige
se balancer seule,
quelques instants, vite envolés.

Sous l'œil du ciel,
œil bleu, impavide, éternel.
La vie s'écoule ainsi, jour après jour,
cherchant sans se lasser
à marier les rimes à la raison
et les claires fleurs bleues
au triste et lourd béton.
Meudon, 3 février 2006

Maux roses

Mots roses, maux roses
Moroses,
à petites doses
saupoudrent ma vie,
au long des jours,
au long des nuits.

Plus récemment, à l'occasion d'un concours organisé par la Mairie de Meudon, dans le cadre du déroulement du *Printemps des Poètes*, je me suis attaqué à la confection de *haïkus*, ces mini poèmes de trois vers respectivement de 5, 7 et 5 syllabes, sans rimes, d'inspiration japonaise.

Voici un spécimen de ma production :

"Douze haïkus, pour quatre saisons"

Printemps.

Je tends l'oreille,
J'entends l'eau qui s'écoule,
rieuse dorée.

Printemps décuplé,
énergie centuplée,
gare aux dégâts.

Fringant prétendant,
confie songes et espoirs
aux soins du hasard.

Été.

Beau camélia,
dormant sur ma fenêtre,
parle-moi d'amour.

Quand le jour s'éteint,
plus ardente est l'attente
de l'inattendu.

La clé des songes
n'ouvrira ta fenêtre
qu'à la nuit venue.

Automne.

Saupoudré de sel,
le zeste de nos amours
s'enfuit dans la nuit.

Tarabiscoté,

lourd d'ornements affectés,
tu vas ton chemin.

Inéluctable,
et, pourtant, je balance
d'un vague espoir.

Hiver.

Souvenir d'amour
berce mon cœur de langueur,
au vent d'automne.

Sous un parapluie,
deux têtes ne font qu'une,
le temps d'un matin.

Sur l'eau dormante,
un frisson a déposé
son rideau sans voix.

C'est ainsi qu'est née,
trop vite évaporée,
une fable bleue.

Avant de rédiger mes premiers haïkus, j'ai naturellement feuilleté plusieurs ouvrages qui en présentaient, afin de m'imprégner de cette forme poétique tout à fait nouvelle pour un Occidental tel que moi, et de me familiariser avec elle. Puis je me suis mis à en fabriquer, en tâtonnant, et j'ai multiplié les essais, élaborant progressivement une ébauche de méthode de fabrication. Voici comment je procède.

J'attends qu'un vague thème me vienne à l'esprit, sous forme d'une phrase qui a retenu mon attention, d'un dicton plaisant, des paroles d'un refrain connu. Exemples : *Printemps des poètes, Chante, rossignol chante, À bon entendeur.*

Ces fragments littéraires me viennent à l'esprit aussi bien sur un quai de gare, en attendant mon train pour Montparnasse ou Versailles, que dans mon lit, avant de m'endormir.

L'étape suivante de la fabrication consiste à choisir l'un des ces thèmes et à l'habiller à l'aide d'oripeaux sémantiques paraissant lui convenir, ce choix étant confié à l'improvisation du moment. Le respect de la contrainte du 5 - 7 - 5, qui se fait parallèlement, ajoute du piment au jeu.

Une fois le haïku confectionné, je le marmonne et le chantonne plusieurs fois, parfois je le donne à lire à un cobaye complaisant, lui demandant son avis. Suivant les cas, j'accueille ledit haïku dans ma liste, je le rejette ou je le remets sur le chantier.

Pour chacune de ces phases, il est clair que le cerveau joue un rôle. Et, d'après mes observations, la succession des essais contribue, peu à peu, à un genre d'apprentissage qui me semble très net, au fil des jours et des semaines.

Apprentissage, d'une part, mais aussi, parallèlement, travail de réflexion. Ce dernier m'a conduit à dégager une sorte de problématique spécifique à ce type de versification. J'ai notamment remarqué la présence simultanée, dans tout haïku méritant ce nom, de deux couples fondamentaux, un premier couple opposant contrainte syllabique/souplesse syntaxique, un second couple associant musicalité et pouvoir évocateur.

Ainsi dans le haïku ci-dessous,

Dans le fond du puits,
à quoi servirait à l'eau

de tromper le temps ?
la répartition des syllabes respecte bien la contrainte 5 – 7 – 5, mais la construction de la phrase laisse une impression de liberté. C'est doublement vrai. J'ai en effet commencé mon texte par une locution circonstancielle de lieu (dans le fond du puits), ce qui n'est pas courant dans la langue usuelle. De plus, j'ai terminé le tiercé en évoquant une eau susceptible de *tromper le temps*, autrement dit j'ai eu recours à une image hardie, libre.

c). Aux marges de l'artisanat : création de *débris-collages*

C'est avec les mêmes préoccupations et dans la même veine que je me suis lancé, en 2004, dans une autre activité ludique, faisant appel, cette fois, à des modalités proches de l'artisanat. Il s'agit de ce que j'appelle le *débris-collage.* Cette activité consiste à découper des images dans des magazines et catalogues illustrés, puis à assembler par collage sur une feuille vierge divers fragments de ces débris, en s'efforçant de réaliser un tableautin plaisant ou curieux à regarder, plus ou moins figuratif, plus ou moins cocasse.

J'avais constaté que je pouvais me livrer à cette activité, tout en restant aux côtés de mon épouse, m'occupant d'elle. Parfois, je pouvais même l'associer un peu à mon activité en lui proposant un choix entre diverses images interchangeables dont je disposais.

Concernant les tableautins eux-mêmes, j'avais obtenu des résultats suffisamment satisfaisants pour que je puisse, à deux reprises, d'abord en 2006 puis en 2007, présenter au public parisien quelques-unes de mes créations dans le cadre du *Café des Deux Magots*.

Par la suite, mon stock de collages ayant dépassé plusieurs centaines, j'ai réalisé une dizaine d'albums comportant chacun une quarantaine de ces débris collés. Et je les ai alors classés en trois grandes familles : les tableaux figuratifs, plus ou moins cocasses, les tableaux allusifs (ou stylisés), plus ou moins énigmatiques, enfin les tableaux non figuratifs, plus ou moins Zen.

d). Flirt avec la musique : improvisation de l'air d'une chanson.

En prenant de l'âge, j'ai de plus en plus souvent regretté de ne pas avoir appris à jouer d'un instrument de musique. À défaut, j'essaye parfois d'imaginer des subterfuges susceptibles de m'apporter des satisfactions du même genre que celles fournies par la composition d'airs musicaux joués sur un instrument.

Récemment, un jour, alors que je chemine, solitaire, sur les allées qui conduisent à l'Observatoire de Meudon, je me remémore les premiers vers du poème d'Apollinaire *Sous le Pont Mirabeau* et les prononce à vive voix :

«Sous le Pont Mirabeau coule la Seine
Et nos amours
Faut-il qu'il m'en souvienne.
La joie venait toujours après la peine

Vienne la nuit sonne l'heure
Les jours s'en vont je demeure.»

Puis, je me mets à les fredonner, ne cherchant pas à emprunter un air courant tel que « Malbrough s'en va-t-en guerre », ou « Nous n'irons plus au bois », mais une succession de notes selon ma fantaisie, variant leur hauteur et le rythme de leurs enchaînements.

Je procède par essais et erreurs. Lorsque je trouve une séquence qui sonne bien à mon oreille, je la répète plusieurs fois, tentant de la mémoriser. Quand, au bout d'une demi-heure environ, j'arrive à chantonner l'ensemble de mes six vers sans interruption, je me sens satisfait et je me dis qu'il est dommage que je ne connaisse pas la notation musicale, car cela me permettrait de conserver la trace de mon fugace édifice musical.

Quelques jours plus tard, je propose le jeu à mon ami Pierre Ponty qui, lui, connaît la musique et la notation musicale. Il trouve ma proposition intéressante et tente l'expérience, découvrant très vite un air plaisant à chantonner.

Il me demande du papier et un crayon, il écrit les notes correspondantes : « do ré mi ré do mi fa sol la ».

Nous sommes, lui et moi, enchantés par ces quelques instants que nous avons passés sur les traces conjointes, inopinées, de nos amis Mozart et Apollinaire.

Ainsi, qu'il s'agisse des « galéjades à la Marius », des «coqs à l'âne à la Prévert», des «débris-collés», ou de «la chansonnette improvisée», mon cerveau fait la preuve qu'il est, en quelque sorte, en dépit de son grand âge, disponible pour se lancer dans des activités relativement nouvelles, des activités laissant une large marge à l'inventivité et à l'improvisation.

e). Retour vers la pensée néo-socratique, mais, cette fois, en solitaire.

En 2012, alors que mon camarade Pierre Ponty, avec qui nous pratiquions la pensée néo-socratique à notre manière, nous a quittés, sa famille et moi, je décide de me remettre à cet exercice, mais cette fois, en solitaire, pour ma propre propédeutique.

Pour ma première séance exploratoire, je choisis comme sujet de réflexion les mots : *régal* et *rigole* auxquels, par assonance, j'attribue spontanément une parenté. Ils s'accompagnent immédiatement dans mon esprit de leurs dérivés *régaler, régalade* et *rigoler.* Ces mots ont-ils une racine commune et en quoi se distinguent-ils ?

Tout naturellement, je me retrouve plongé dans la langue provençale qui a des racines communes avec le latin et que j'ai beaucoup pratiquée quand j'étais enfant. Et mon impression est que le notions de *régal* – *régaler* étaient alors d'un usage assez fréquent dans cette langue, peut-être davantage qu'en français.

La première image qui surgit en moi, c'est le buveur qui boit à la régalade, c'est-à-dire en faisant s'écouler un liquide, en général de l'eau ou du vin, dans sa gorge, gorge qu'il déploie vers le ciel sans que le flacon ne touche ses lèvres. La gorge se comporte alors comme une rigole, comme un ruisseau, et, de plus, elle permet de prendre conscience d'un plaisir, d'un régal. Tout devient clair ou presque. Le mot régal trouve pour moi son étymologie dans la rigole.

Mais mon recours au dictionnaire et à Internet m'indique que je me trompe et que ces deux mots, qui ont fait surgir en moi l'image de ma Provence natale, n'ont pas d'origine commune. Mais peu importe. Le détour par le provençal m'a incité à progresser, tout en me procurant du plaisir.

Et, ce faisant, j'ai constaté que mon cerveau pouvait m'entraîner sur la voie de l'erreur mais qu'il me suggérait aussi de vérifier ses conclusions et qu'il ne se laissait pas rebuter par ses erreurs et les acceptais sans mot dire.

5. Comment apprécier les performances du cerveau ?

Tout au long de la rédaction du présent ouvrage, la question des performances de mon cerveau s'est imposée à moi, mettant mal à l'aise mon souci d'objectivité scientifique. Je ne pouvais en effet que rester dans le flou en la matière, ne disposant d'aucune définition quelque peu précise de ce que peuvent être les performances d'un cerveau, ni des méthodes pour les évaluer.

Récemment, faute de mieux, j'ai eu l'idée de procéder comme on le fait dans le sport, quand il s'agit d'évaluer les performances d'un athlète dans telle ou telle discipline, autrement dit de recourir à la compétition. Et j'ai cherché comment je pourrais mettre mon cerveau en compétition avec d'autres cerveaux.

Et c'est ainsi que j'ai atterri, en octobre 2007, pour la durée d'un semestre, dans un atelier d'écriture organisé par le service culturel de la Mairie de Meudon, afin d'y participer à des séances de trois heures, tous les quinze jours, sous la conduite d'une animatrice qualifiée.

J'ai eu la chance que cet atelier ne compte, outre moi-même, que quatre participantes, des dames depuis peu à la retraite, habitant Meudon, aimant la lecture et l'écriture et disposant d'un bon niveau culturel.

Pour chacune des séances, l'animatrice nous proposait de rédiger, en une quinzaine de minutes, un texte littéraire répondant à une consigne précise, mais laissant une large latitude de choix. Il s'agissait par exemple de décrire le « paysage sonore » d'un pan de notre vie.

Le quart d'heure d'écriture une fois passé, nous étions invités à lire à haute voix le texte que nous venions d'écrire, la monitrice et les auditeurs présentant au fur et à mesure les réflexions que leur inspirait le texte en question.

Cette partie de l'exercice était l'occasion, pour moi, d'ébaucher une comparaison entre les divers textes en présence, comparaison au cours de laquelle je prenais en compte les qualités de composition et de style de chacun des textes, la plus ou moins grande originalité du choix du sujet, etc. Et, chaque fois, j'arrivais à la conclusion que je ne m'étais pas si mal défendu, que mon texte n'avait rien à envier aux meilleurs de ses concurrents.

Je reproduis ci-dessous l'un d'entre eux.

"Atelier Écriture. Jean Sauvy. 04 février 2008.
Proposition du jour : « Instants de regards ».

Ce lundi, 9 h 30. Chic! l'escalier roulant de *Monoprix* est en panne.

Je me dis : Ce n'est pas très convivial et urbain de dire chic ! alors que cette panne va gêner certains clients du magasin. D'accord ! Mais j'ai dit chic ! spontanément, parce que j'ai eu l'impression que cette panne serait, pour moi, le grain de sel posé sur le gâteau, grain d'imprévu, plutôt sourire las, arraché à la banalité quotidienne.

Voyons voir. Je m'arrête et observe.

Une cliente se présente devant l'escalier en question, ses pensées sans doute ailleurs. Elle prend soudain conscience que l'appareil ne marche pas. Courte hésitation. Je m'interroge : ira, ira pas ?

Son hésitation ne dure pas. Sans doute est-elle pressée. Elle enfourche la monture, monture qui, pourtant, a perdu tout attrait ! Mais l'immobilité de l'engin, sans doute, la surprend. Elle trébuche un peu et, instinctivement, du moins je l'imagine, elle tourne la tête, sentant sans doute que quelqu'un l'observe. Je souris et je me mets à fredonner une complainte du temps passé : *When we are dancing together, cheek to cheek."*

II. Au labour sur de nouvelles terres.

Je vais décrire maintenant trois projets d'assez grande envergure auxquels je me suis attelé récemment.

1. Participation à la préparation de l'édition d'un ouvrage collectif dont l'idée m'était venue sur mes vieux jours.

Le présent exemple concerne une activité à laquelle je me suis livré en 2007, en étroite coopération avec mon collègue de maison de retraite, Alain Schvartz.

Au cours de nos conversations, nous avions constaté, Schvartz et moi, que durant notre longue existence, nous avions eu l'occasion de nouer des liens d'amitié avec des gens de toutes conditions, qui avaient connu des itinéraires de vie souvent mouvementés. Malgré leur désormais grand âge, ces personnes restaient capables de porter témoignage sur leur expérience de vie.

Pourquoi, nous étions-nous demandés, ne prendrions-nous pas contact avec un petit nombre d'entre eux pour leur demander s'ils seraient d'accord pour apporter un témoignage susceptible de prendre place dans un ouvrage collectif dont nous nous chargerions d'assurer la publication ?

Le projet avait rapidement mûri. J'avais personnellement reçu l'accord de deux Lorrains que j'avais connus pendant la guerre, Christiane Kammerer et Francis Bockel, de Jean-Pierre Lescuyer, diplomate à la retraite et de Lydia Stallaert, aubergiste, dont j'avais également fait la connaissance pendant la guerre ainsi que d'un ancien ouvrier de Renault, Gilbert Devillard. Et, enfin, de trois dames romaines, Isabella Gamucci, Graziella Lanciano, et Giovana Caracciolo, dont les adresses m'avaient été communiquées par une de leurs amies communes, Nicoletta Lanciano, pédagogue, avec laquelle je travaillais depuis 1960.

De son côté, Schvartz avait obtenu l'accord de Simone Dutot, Paul Guiraud, et Roger Hollier Larousse, tous trois des résidents du *Châtelet*, plus l'accord de Georgette Lods, provinciale, elle.

Nous disposions ainsi d'une palette de douze témoins, dont les âges s'échelonnaient de 80 à 100 ans, comptant une majorité de femmes. Parmi ces douze, neuf étaient de nationalité française, trois de nationalité italienne. Certains croyaient au ciel, d'autres n'y croyaient pas.

Un premier contact fut pris avec Jérôme Martin, directeur adjoint de *l'Harmattan*, qui nous avait indiqué que cette série de douze témoignages émanant de personnes aussi âgées, ayant activement participé aux événements troublés de leur jeunesse et de leur âge adulte, était de nature à intéresser un public non négligeable et pourrait faire l'objet d'une publication.

Nous nous sommes aussitôt mis au travail, Schvartz et moi, assurant le recueil des témoignages et la préparation du manuscrit, de façon à pouvoir remettre ce dernier à l'éditeur sous forme d'un prêt à clicher standard.

L'affaire a été bouclée en quelques mois et l'ouvrage est sorti de presse le 20 mai 2007, sous le titre *: O ! Temps, suspends ton vol. Douze témoignages autobiographiques de personnes très âgées, aux parcours de vie variés.*

Pour moi, les activités qui ont été associées à cet ouvrage se sont révélées multiples et enrichissantes. J'ai eu le plaisir de renouer ou d'enrichir des contacts avec des personnes auxquelles me rattachaient des liens de sympathie très profonds. J'ai découvert, à travers leurs témoignages, des traits de leurs caractères que j'avais plus ou moins méconnus.

Parallèlement, je me suis trouvé replongé dans des épisodes de ma propre vie, enrichis par de nouveaux éclairages. Cela a été particulièrement le cas pour les récits fournis par nos correspondantes de Rome, récits qui me faisaient découvrir des pans de la vie, souvent très difficile, dans laquelle, dans cette Italie où la guerre m'avait entraîné malgré moi, le régime de Mussolini avait plongé nombre de familles bourgeoises.

Par ailleurs, j'ai dû, avec l'aide de Schvartz, mener à bien les contacts avec l'éditeur et la mise au point très minutieuse d'un manuscrit particulièrement complexe, du fait du nombre et de la diversité de ses auteurs.

Au total, mon cerveau a été très fortement sollicité, tant dans le registre de la mémoire que dans celui de la pensée rationnelle et organisatrice.

L'entreprise s'est d'ailleurs révélée plus délicate que prévu, notamment en raison du grand âge des personnes que nous avions sollicitées. L'une d'elles est morte peu de temps après nous avoir donné son accord et nous avons dû terminer son ouvrage avec l'aide d'un de ses fils. Un autre, atteint par la maladie d'Alzheimer, n'a pu poursuivre son entreprise et son épouse n'a pas souhaité se substituer à lui. Une troisième, ayant relu son manuscrit, a constaté que certains de ses passages, faisant référence à des problèmes familiaux, risquaient d'être mal accueillis par certains de ses proches. Chaque fois, nous avons dû, Schvartz et moi, faire preuve de doigté pour nous tirer d'affaire le moins mal possible.

2. La découverte de Paris et sa « dégustation », en sept itinéraires péripatéticiens, c'est-à-dire joués et commentés sur le mode socratique.

Sous cette appellation, j'ai entrepris de mettre au point et d'expérimenter une façon originale de visiter Paris, ou, plus exactement, de prospecter de façon ludique sept quartiers de Paris, sous leurs multiples facettes.

J'appelle la méthode proposée *néo-socratique,* dans la mesure où elle s'inspire des méthodes d'enseignement péripatéticien que mettaient en œuvre Socrate et de petits groupes de ses disciples, dans les rues d'Athènes, vers les années 450 avant Jésus-Christ.

Pour chacun des quartiers de Paris que j'ai retenus, il s'agit d'une visite susceptible d'être effectuée en solitaire ou en petits groupes. Mais cette visite est spéciale, dans la mesure où le guide n'est ni une personne en chair et en os, ni un opuscule classique, mais un livret que j'ai composé et qui comporte, pour chaque quartier, une séquence de photographies prises dans ledit quartier, plus un court documentaire socio-historique, ainsi que des réflexions recueillies par l'auteur auprès de visiteurs cobayes.

La première partie de l'exercice ludique proposé consiste à retrouver, à l'intérieur du périmètre à explorer, d'une part les sites représentés sur les photographies, d'autre part les emplacements exacts d'où chacune de ces photographies a été prise. Un corrigé, figurant sur l'opuscule, permet au visiteur de vérifier que ses choix ont été les bons, et éventuellement de les corriger. Pour faciliter la découverte des sites successifs, ceux-ci ne sont jamais distants l'un de l'autre de plus d'une cinquantaine de mètres.

La deuxième partie du jeu consiste à parcourir l'itinéraire jalonné par les photographies dans l'ordre de la numérotation qu'elles portent, numérotation indiquant dans quel ordre elles ont été prises. À l'occasion de ce second parcours, le joueur, ou le petit groupe qui participe à l'exercice, s'efforce de s'approprier le quartier en diversifiant les regards qu'il porte sur lui.

La méthode néo-socratique proposée suggère que le promeneur joueur adopte, pour prospecter le quartier auquel il s'intéresse, huit types différents de regards.

Il adoptera, par exemple, le regard du passant, regard tel qu'un promeneur flâneur le pratique, c'est-à-dire de quelqu'un qui ne s'intéresse à rien de particulier mais qui est prêt à goûter à n'importe quelle scène plus ou moins cocasse que lui offre la vie multiforme de la rue, d'un promeneur prêt à remarquer tel éclairage qu'un rayon de soleil inattendu porte sur une façade ou, encore, d'un flâneur prêt à se laisser séduire par une devanture présentant des mannequins généreusement dévêtus.

Un peu plus loin, passant devant un étalage de fruits et légumes, ce flâneur pourra, tout aussi bien, remarquer la curieuse odeur montant d'un panier où dorment de blanches gousses d'ail ou de mordorées mandarines. Plus loin encore, il tendra l'oreille et tournera les yeux vers un viaduc, insolite en ce tissu urbain, sur lequel passe une rame de métro aérien.

Mais, il pourra tout aussi bien s'agir, en une autre occasion, d'un type de regard beaucoup plus rigoureux, le regard de l'architecte ou du géomètre. Doté d'un tel regard, le promeneur s'intéressera essentiellement au tissu urbain, c'est-à-dire aux lieux (sol, ciel, rues, places) au sein desquels il évolue, et aux bâtiments qui s'y trouvent. Et il s'y intéressera à des fins avant tout utilitaires. Ce regard lui servira notamment pour évaluer les distances. Il l'utilisera également comme aide pour guider ses propres déplacements, ou encore pour se repérer au sein d'un imbroglio spatial (dédale dans le hall d'un grand magasin, d'une salle des pas perdus d'une gare, etc.).

Si, ayant ainsi investigué l'espace, il se propose de jouer au photographe, il s'imaginera en possession d'un appareil photographique et, désireux de conserver (symboliquement parlant) des souvenirs visuels de son itinéraire, il adoptera le regard du photographe. Il s'intéressera alors à la qualité des éclairages. Il attachera de l'importance aux cadrages, aux différences d'aspect que permettent les changements d'angle de vue, etc.

Un peu plus loin, restant dans le registre des lieux, de l'espace et des constructions qui occupent ledit espace, le promeneur pourra se laisser motiver par l'éclairage de l'Histoire. Il se demandera alors comment l'espace en cause a été façonné par l'homme, au cours du temps. Son regard se fera regard d'historien et il s'efforcera de dater, à quelques décennies ou siècles près, tel pont qui enjambe si joliment la Seine, tel porche d'église devant lequel s'attroupent et s'attardent tant de touristes, tel monument dont la présence en un tel lieu étonne au premier abord.

S'intéressant maintenant plus spécialement à la vie actuelle du quartier, le promeneur portera sur lui un regard de sociologue, c'est-à-dire un regard attentif à découvrir et à analyser les mille facettes de la vie qui s'y déroule quotidiennement. Laissant au second plan les lieux et les bâtiments, ce regard se focalisera sur les personnes qui s'y trouvent en cet instant précis, sur les objets dont celles-ci sont munies (sacs à main, parapluies, etc.), sur les vitrines qu'elles contemplent, sur les véhicules qu'elles utilisent et sur bien d'autres choses encore. Ce faisant, ce regard fournira à la pensée analytique et synthétisante du promeneur les matériaux qui lui sont nécessaires pour bâtir des ébauches de théorie sur la façon dont la vie s'organise et prend forme au sein d'un fragment de la société urbaine contemporaine.

Dans un registre un peu différent, le promeneur pourra faire appel au regard du peintre. Dans ce cas, il s'intéressera à nouveau aux volumes, aux surfaces et aux lignes qui se déploient sous ses yeux, ainsi qu'à leurs agencements, mais surtout à la présence des couleurs dont ceux-ci sont revêtus, à la façon dont les différentes couleurs en présence se répartissent, se complètent les unes les autres, se contrastent. Et il n'oubliera pas de se laisser prendre aux jeux des ombres et des lumières. En ces occasions, le promeneur découvrira, souvent non sans surprise, qu'en s'amusant ainsi à « jouer au peintre », il deviendra lui-même quelque peu peintre, du moins dans le registre virtuel. En effet, il constatera qu'il peint des sortes de tableaux, mais que ceux-ci, étant strictement imaginaires, s'évanouissent aussi vite qu'ils ont pris forme.

Faisant un pas de plus, dans le domaine de l'imaginaire, mais restant dans le sillage de ces tableaux, qui font penser à de l'écume ourlant la mer, le promeneur pourra poser sur les fragments du monde qui l'entoure un regard de poète. Pour cela, abandonnant momentanément toute préoccupation utilitaire, il se laissera envahir par les sensations et par les émotions que charrient les images enregistrées par ses yeux. Il les laissera, ces images, chanter leurs chansons, il les laissera danser leurs sarabandes improvisées. Et, peut-être alors, tel Apollinaire ou Verlaine, les laissera-t-il se traduire, tout naturellement, en guirlandes de mots, en ébauches de poèmes.

Et enfin, pour, en quelque sorte, synthétiser les sept regards dont il vient d'être question, le promeneur se fera philosophe. Il se transportera par la pensée dans l'antique Athènes et il s'amusera à paraphraser, à sa façon, Socrate et ses élèves.

Tout naturellement alors, s'il a pratiqué le jeu en compagnie d'autres personnes, l'échange de vues auquel il se livrera avec le reste du groupe prendra sensiblement la forme d'un dialogue socratique, c'est-à-dire d'une discussion par questions et réponses qui, du début à la fin, maintiendra sa cohérence, en dépit des changements d'interlocuteurs. Les dialogueurs constateront alors que des thèmes à consonance philosophique se sont dessinés, que les points de vue se sont précisés et se sont affinés et que, même si des désaccords se sont manifestés, le dialogue aura fait naître entre les participants une compréhension réciproque, conviviale et satisfaisante pour tous.

Dans le cas où le joueur aura procédé en solitaire, cette phase du jeu devra forcément se dérouler différemment. Le joueur devra alors procéder par simulacre, adoptant à tour de rôle des points de vue distincts attribués à des interlocuteurs fictifs différents.

Selon ce que j'ai pu constater sur le terrain, au cours de mes exercices exploratoires, le joueur prendra goût à ce simulacre et, une fois rentré chez lui, il pourra être tenté de noter par écrit quelques-unes des sensations nouvelles qu'il viendra de vivre.

Les couples accompagnés d'enfants et les enseignants ayant fait visiter à leurs élèves tel ou tel des quartiers envisagés pourront, quant à eux, au terme de leur visite, proposer à leurs disciples des embryons d'ateliers d'écriture.

Pour ce qui est des parents, ils pourront demander aux enfants qui les ont accompagnés de rédiger un compte-rendu de leur visite, à l'intention, par exemple, d'un correspondant étranger.

Quant aux enseignants, ils pourront proposer à ceux de leurs élèves les plus motivés d'imaginer et de rédiger un conte ou une fable mettant en scène de jeunes héros égarés dans le quartier en cause et aux prises avec de multiples aventures.

Ces divers textes, qu'il s'agisse de comptes-rendus ou de contes, gagneront à être illustrés par leurs auteurs à l'aide de reproductions en couleurs de telles ou telles des photographies figurant dans l'ouvrage que nous proposons. Ce sera pour ces apprentis illustrateurs l'occasion de faire exécuter des photocopies quelques peu différentes de l'original : nouveaux cadrages, changement d'échelle, et de procéder avec ces matériaux à des exercices de mises en pages créatives.

Pour imaginer, mettre sur pied et réaliser ce projet (resté jusqu'ici à l'état de projet), j'ai dû faire appel aux parties les plus diverses de mon cerveau, celles qui servent de support à la pensée imaginative (imaginant, par exemple, un visiteur animé d'intentions multiples et étudiant dans le détail son comportement) et celles qui servent d'infrastructure à la pensée cognitive et organisatrice. Par ailleurs, j'ai dû trouver des collaborateurs bénévoles, leur exposer mon projet, coordonner leurs activités respectives et faire la synthèse des résultats obtenus, notamment.

Quand j'examine rétrospectivement, comme je suis en train de le faire, les activités que j'ai déployées autour de ce projet, je conclus que mon cerveau, en l'occurrence, n'a pas démérité. J'estime, tout en restant prudent, qu'il n'aurait pas fait beaucoup mieux trente ou quarante ans plus tôt.

3. Rédaction d'une nouvelle littéraire en forme de fable philosophique.

Je vais à présent me référer à un autre projet auquel je me suis attelé, lui aussi d'assez grande ampleur, toutefois beaucoup plus classique que le précédent, la rédaction d'une nouvelle littéraire. Classique, oh, combien ! Mais, dans ce cas particulier, une certaine originalité ne sera pas absente, car il s'agira d'une histoire en forme de fable philosophique et poétique. Elle s'inspirera étroitement d'une nouvelle écrite par un Japonais, Hirano Keiichiro, intitulée *Conte de la Première Lune.*

D'après la quatrième de couverture de cet ouvrage, publié en traduction française par *Picquier poche*, « C'est l'histoire d'un jeune poète romantique qui, pour soigner sa mélancolie, entreprend au siècle dernier un voyage au sud de Kyôto, une région connue pour la beauté de ses paysages et les pratiques magiques des ascètes bouddhistes qui y vivent. Mordu par un serpent venimeux, il est recueilli par un moine dans un ermitage au cœur des montagnes et rencontre en songe une femme dont il s'éprend. Mais, où commence le rêve et où s'achève la réalité ? Telle est l'une des questions que suscite ce conte philosophique et poétique, où la lune se lève sur la beauté inoubliable d'une femme se lavant dans ses rayons, où l'intensité de l'épanouissement des fleurs et des sentiments coïncide avec l'instant de la mort, tandis qu'un papillon, délicat et magnifique, guide le voyageur dans le labyrinthe des illusions jusqu'au dénouement ».

Cadeau de mon fils pour Noël 2007, je lis cet ouvrage d'un trait et l'idée me vient de tenter d'en faire une sorte de pastiche en effectuant une transfusion depuis l'Orient japonais jusqu'à notre Occident.

Nous discutons de ce projet quelque peu fou, Olivier et moi, au cours d'un de nos déjeuners hebdomadaires au

Café des Deux Magots, Place Saint-Germain des Prés. J'indique à mon fils que j'entrevois, pour situer ma nouvelle, deux cadres possibles, deux territoires, très différents l'un de l'autre. Ce pourrait être, d'une part, le plateau du Larzac et, je prendrais alors comme personnage principal un étudiant français épris d'écologie et d'esprit soixante-huitard, lequel rencontrerait une jeune gitane, romantique et rebelle, telle une gazelle éplorée.

Mais il pourrait tout aussi bien s'agir d'un tout autre terrain, se situant cette fois en Afrique Noire, sur les bords du Niger, non loin de Tombouctou et de Bandiagara. Là, on rencontre, à côté des pasteurs peulhs, plus ou moins nomades, des pêcheurs sorkos, et des commerçants dioulas, des paysans sédentaires bambaras ou malinkés, le tout sous la protection plus ou moins bienveillante de génies en tous genres. Dans ce cas, je verrais assez bien mon héros sous les traits d'un étudiant italien un peu déboussolé à la recherche d'idées pour la thèse de doctorat en ethnologie qu'il prépare en France.

Mon fils est formel, je dois ignorer le Larzac, pas assez mystérieux pour une fable exotique, lui préférant les bords du Niger, eux exotiques à souhait, que j'ai quelque peu sillonné autrefois. Je me range à son avis.

Je me mets aussitôt au travail, je fouille dans mes souvenirs et dans mes archives, pour me replonger dans le bain nigérien et je tente d'esquisser les traits de mon héros et de mon héroïne. Car, bien sûr, il faudra une damoiselle appropriée.

Mon jeune ethnologue, je ne le verrai pas comme devant être mordu par un serpent, à l'instar du conte japonais qui me servira de modèle. Je l'imaginerai victime d'une sorte de mal du siècle occidental, forme édulcorée de dépression nerveuse, celle-ci provoquée par la disparition de sa mère. Musicienne réputée, cette dernière aura quitté le domicile familial sans laisser de traces, n'emportant que son violon et quelque argent liquide, alors que son fils n'avait que seize ans.

Poursuivant mes recherches sur ce personnage, je me mets à imaginer que son père est italien, diplomate, actuellement en poste à Paris, où mon héros se trouve lui-même. Je l'imagine non seulement quelque peu psychologiquement perturbé mais, lui aussi, rêveur, poète et romantique.

Côté damoiselle, les idées surgissent plus difficilement. Ce sera une belle jeune Africaine, bien sûr, mais avec quelque chose en plus. Je fouille dans les contes africains de la région en cause, dont j'ai conservé la trace. Je trouve bien des allusions à un personnage, mi-femme, mi-gazelle, qui pourrait m'inspirer. Mais, pour le moment, mon cerveau est en panne d'imagination et je reporte à plus tard le soin de mettre sur pied un personnage féminin africain, digne réplique de la belle et mystérieuse japonaise figurant dans le conte d'Hirano.

Au cours des jours suivants, je passe à l'action et je me mets à écrire ma nouvelle, avançant à petites pas. Et, souvent, sur le métier je remets mon ouvrage.

Je constate alors avec plaisir que l'histoire prend forme, que le personnage principal commence à se dessiner, que les idées viennent et s'enchaînent les unes aux autres, sans trop se faire attendre. Et, non sans quelque surprise, j'arrive à boucler le tout en moins de quatre semaines, inscrivant le mot FIN sur mon manuscrit, le 31 décembre 2007. Je lui trouve aussitôt un titre et l'appelle : *Kosori Farma, la gazelle éplorée. Conte de la lune bleue*.

Afin de donner au lecteur une idée du contenu de ce manuscrit, j'en reproduis ci-dessous trois extraits.

Le premier de ces extraits concerne le début de la nouvelle. Le voici.

« Cette histoire commence par un soir de début de printemps, en l'an sept du troisième millénaire de notre ère.

En Afrique Noire, non loin du fleuve Niger, autrefois appelé *Fleuve des Noirs* ou *Djoliba,* à quelques lieues du village de *Bango,* se dresse la silhouette solitaire d'un jeune homme, vêtu d'un short blanc, très élégant, et d'une chemisette rouge, largement échancrée. Il tient négligemment, à l'extrémité d'un de ses bras, un chapeau de paille d'Italie de couleur jaune. À ses pieds, rien d'autre que de légères sandalettes maintenues entre pouce et index par une cordelette.

Mais cette tenue, si elle est bien adaptée au paysage, à la fois dépouillé et rendu vibrant, à cette heure, par la lumière du soleil couchant, cette tenue n'est point à l'unisson de la physionomie du visage du personnage, qu'un léger froncement de la bouche et une vacuité du regard rendent mélancolique.

À l'examiner de plus près, cette silhouette trouve mal sa place dans le paysage environnant, Elle conviendrait mieux aux trottoirs désenchantés du Quartier Latin lointain, ou aux rives de quelque fleuve Arno désormais privé des charmes de la Florence médiévale.

Visage mélancolique donc, mais les traits en sont d'une irréfragable beauté et leur finesse se trouve soulignée par le léger cerne qui flotte sous les yeux.

La brousse, elle, qui s'étale alentour, semble être en train de partir paisiblement à la conquête d'une colline au maigre relief. Et, sans doute, se soucie-t-elle fort peu de ce voyageur solitaire et désenchanté. La brousse se coule dans les premières brumes de la nuit, telle une déesse s'allongeant sur sa couche, innocente et mystérieuse à la fois. »

Un deuxième extrait se situe un peu plus loin, dans le corps de l'histoire. Le voici.

« Parmi les filles, Guido a remarqué une grande et belle adolescente, presque femme, qui semble plus réservée que ses compagnes. Elle porte, cérémonie oblige, au-dessus de sa tunique bleue, un corsage blanc largement décolleté, gentiment orné de dentelles. Le jeune Italo-français s'attarde à la contempler, émerveillé par la finesse de ses traits, par la pureté de son épaule d'ébène.

Elle aussi, sans doute, l'a remarqué et, plusieurs fois, les regards des deux jeunes gens se croisent.

Quelles peuvent être les pensées de la jeune fille ? Essaye-t-elle de deviner les sentiments de l'homme blanc, comme Guido essaye lui-même de pénétrer dans les profondeurs de l'âme noire, ou bien, plus simplement, s'instaure-t-il entre deux êtres humains, que le hasard a rapprochés, une vague et passagère affinité, aussi merveilleuse et évanescente que les scintillements qui, non loin de là, jouent sur les eaux du lac endormi ? »

Le troisième extrait se situe à la fin de la nouvelle. Le voici.

« Un soir, alors que Lam, sous un prétexte quelconque, les avait laissés seuls, elle et lui, alors que le ciel s'ornait de son premier voile vespéral, alors que Guido avait, en paroles, entraîné Yasmina dans une guinguette du côté de Robinson, le jeune homme n'avait pu s'empêcher de se rapprocher d'elle et de poser délicatement sa main sur le velours d'une de ses cuisses. Il avait senti celle-ci frémir sous le toucher. Mais il n'avait pu s'attarder. La jeune femme avait saisi le poignet de cette main trop conquérante et, très délicatement, elle l'avait éloigné d'elle, lui disant, le tutoyant pour la première fois :

- Non, Guido ! Pas ici, pas ce soir. Nous méritons mieux, notre amour mérite mieux que semblable improvisation. Attendons quelque nuit bleue, quand les constellations se prêteront à nos ébats. Et alors, alors seulement, je te laisserai me toucher, je te laisserai me dévêtir tout à ton aise. Je te laisserai découvrir la gazelle qui se cache en moi. Nous nous aimerons. Nous nous aimerons, pour de vrai, pour de bon. Et la lune bleue viendra sceller nos fiançailles. »

Réfléchissant récemment sur la façon dont a pris naissance, a grandi et s'est envolé le papillon littéraire dont je viens de donner un aperçu, je dois constater que tout s'est déroulé comme dans un rêve. Pris par le projet, amusé par la fiction, par la perspective de vivre un dépaysement et un retour sur des terres étranges que j'avais parcourues alors que j'étais plus jeune et innocent, je me suis laissé prendre au jeu et je ne saurais dire comment mon cerveau a pu fonctionner en l'occurrence. J'ai l'impression qu'il s'est laissé porter par le courant, comme se laissait porter alors, au fil du Niger, l'élégante et légère pirogue sur laquelle nous avions pris place, Pierre Ponty, Jean Rouch et moi-même, trois camarades en rupture de ban avec leur époque.

Dans le sillage de ce fleuve avec lequel j'étais parti moi-même à la conquête du continent noir, j'essaye de partir à la conquête de mon cerveau, tout aussi mystérieux, pour moi, aujourd'hui, que l'était, alors, la brousse à gazelles de cette terre lointaine.

Mon cerveau, tel que je l'imagine, avec les fils tendus entre ses neurones, avec ses chemins tracés, certes, mais invisibles à l'œil.

Je m'interroge sur la façon dont le cerveau accueille l'inédit, l'inconcevable, le fantastique, sur la façon dont il leur offre une place, leur octroie un rôle. Et je me mets à naviguer de Dante à Shakespeare, de Baudelaire à Verlaine.

Mon impression est que son travail a été facilité, en l'occurrence, parce que le chemin était tout préparé. Pour mon héros blanc, j'ai été inspiré par les faits et gestes que l'on lit dans les journaux et par les images que l'on voit à la télévision concernant la jeunesse d'aujourd'hui. Pour ce qui est de mon héroïne noire, ce sont les contes africains eux-mêmes qui m'ont fourni le modèle. Mon cerveau a sans doute puisé ici et là, s'inspirant de ses propres fantasmes, empruntant à Paul Valéry, Mallarmé ainsi qu'à Van Gogh et Cézanne et parfois même à Schubert.

4. Navigations dans « l'ombre des mots ».

Récemment (août 2012), alors que je cherche comment mettre à l'épreuve mon cerveau vieillissant, me vient à l'esprit l'expression *Ombre des mots.* Cette formule, je l'ai découverte dans la littérature italienne, il y a une trentaine d'années, quand je m'intéressais plus spécialement à celle-ci à des fins didactiques.

Aujourd'hui, je m'interroge à son propos, et, ce faisant, je me dis que si je me mettais à l'explorer plus avant, cela mettrait mon cerveau à l'épreuve et m'aiderait à apprécier ses capacités.

Au cours de mes réflexions ultérieures sur le sujet, je m'aperçois que j'ai quasi tout oublié de ce que masque cette expression. Tant mieux ! Je devrai forger mes propres interprétations et solliciter mes neurones au maximum.

J'entends donner un tour plaisant à mon exploration, j'entends la traiter comme un jeu.

Pourquoi ne pas tenter de composer des parodies de sonnets, des sonnets inspirés de Ronsard, qui seraient écrits avec des *ombres de mots ?* Pour être crédibles, ces mots, composés de syllabes françaises classiques devront, évoquer les mots qu'ils représenteront, en s'inspirant phonétiquement d'eux. Mais, telles les ombres des objets, ils devront être moins signifiants.

Arrivé à ce point de mes réflexions, je décide de faire appel à la capacité créatrice de mon cerveau pour préciser un peu ces premières idées, jusqu'ici venues en vrac.

Par où commencer ? Je vais devoir créer les mots d'une nouvelle langue, langue que j'appellerai LM, pour faire bref. Il faut, pour cette création, que je me fixe des règles.

Après quelques instants de réflexion, mon cerveau en propose trois :

1.Donner au mot LM le même nombre de syllabes que le mot modèle.

2. Le commencer par la même syllabe.

3. Rester phonétiquement proche de lui.

Naturellement, dans un premier temps, je ne saurais traduire tous les mots de la langue française. Je devrai mettre mon jeu à l'épreuve, à partir d'un petit échantillon des mots que j'aurais élaborés par ailleurs. Cet échantillon, je le trouverai tout naturellement dans le poème que j'aurai décidé de construire, à titre expérimental.

Reste à mettre en œuvre la procédure que je viens d'esquisser.

Pour le poème modèle, je retiens : « Mignonne, allons voir si la rose qui, ce matin, avait déclose dans sa plus pure nudité, »

Je dispose ainsi de quinze mots à traduire à titre expérimental, en langue LM.

Je me mets à l'ouvrage. L'exercice se révèle plus difficile que prévu. Au bout d'une heure, je dispose du dictionnaire franco-LM suivant :

Mignonne : Migliche,
Allons : ali
Voir : vor
Si : sé
La : lou
Rose : rouse

Qui : ché (prononcer qué)
Ce : cet
Matin : motin
Avait : avé
Déclose : délose
En : an
Sa : sol
Plus : pro
Belle : blette
Pureté : potelé Celui-ci se caractérise par le fait qu'il recourt librement aux images et aux analogies, plutôt qu'aux discours savamment emmanchés.

Je dois maintenant, dans l'amorce de poème ci-dessus, substituer les mots LM aux mots français. J'obtiens l'amorce de poème suivant :

Migliche, ali vor sé lou rouse,
ché cet motin avé délose
an sol pro blette potelé.

Je lis ces trois vers à haute voix, en adoptant une intonation romantique. Et j'éclate de rire. Je me rends compte que le volcan a accouché d'une souris. J'avais vraiment fixé la barre trop haut.

Pourtant, après quelques instants de réflexion, je décide d'insérer les pages ci-dessus dans mon manuscrit, laissant au lecteur le soin d'exprimer son appréciation sur son utilité, s'il se laisse prendre au jeu.

III. Mais, la nuit vient. Faisons place aux rêves.

Un pas de plus dans mon présent exposé, et j'en arrive aux rêves, aux rêves qui peuplent mes nuits. À mes rêves qui, souvent, me surprennent et dont, alors, je conserve la trace sur mon ordinateur. Ils m'étonnent parce qu'ils sont presque toujours aussi bien ficelés que les situations de la vie courante. Les décors en sont aussi précis que des photographies, et les personnages, le plus souvent de pure invention, me sont aussi familiers que ceux que je croise dans la rue. Et je me demande alors - où peux-tu bien aller pêcher cela ? Et comment s'y prend ton cerveau pour élaborer, avec une pareille précision, du jamais vu ?

Voici quelques exemples des rêves d'une personne âgée (88-95 ans).

6 février 2004

Je suis en compagnie de mon fils Olivier, alors qu'il est âgé d'une dizaine d'années. Nous nous apprêtons à quitter une grande ville étrangère (non identifiée) et, à la gare, nous attendons le train qui doit nous ramener chez nous. Le quai est immense, à peu près vide, peu engageant. Olivier tue le temps en jouant près de moi. Le train arrive. Les images se brouillent. Surprise, le train ne s'arrête que quelques secondes. Je n'ai pas le temps d'y monter. Le voilà parti. Je regarde sur le quai, plus d'Olivier. Le coquin. Il a dû monter dans le train, lui ! Que vais-je bien pouvoir faire ? Commence alors une longue suite d'interrogations, de démarches. Beaucoup d'incohérence dans ce que je fais. Devrais-je m'adresser aux Chemins de fer locaux pour qu'ils signalent, (mais à qui ?) la présence d'un enfant seul dans le train? Et, il y a le problème de la langue de ce pays, que je ne parle pas. Je décide d'aller au grand hôtel que nous venons de quitter. Je me rappelle à peu près où il était. Je marche dans la ville, je retrouve l'avenue, reconnais l'entrée de l'hôtel. Beaucoup de monde dans le hall, plus encore à la salle à manger, où certains convives prennent leur petit-déjeuner, d'autres leur déjeuner. Je suis un peu perdu. J'accoste une serveuse. Bonne surprise, elle comprend et parle le français. Elle me dit de m'adresser à la réception. Là, personne ne s'intéresse à ce que je raconte, soit parce que ils ne comprennent pas la langue française, soit me considérant comme quelqu'un qui divague. Je sors, je retrouve la rue et mes errances. Je songe à téléphoner à mon épouse, lui conter ma mésaventure et lui demander d'aller chercher Olivier à la gare. Des questions me viennent à propos du numéro de téléphone de notre maison, je vérifie que je ne l'ai pas oublié. Mais je me dis que je pourrais l'oublier. Il faudrait que je le note. Je fouille mes poches. Déçu, je constate que je n'ai sur moi que des feuilles de papier minces et froissées sur lesquelles il sera difficile d'écrire. Que faire ? Je me réveille.

Je retrouve dans ce rêve, sous une forme imagée, des reflets de ma situation actuelle, alors que, parfois, effectivement, j'ai l'impression de vivre dans une ville quelque peu étrangère (le Châtelet ?), sur un quai de gare, attendant un train. Dans le rêve, la présence d'Olivier à mes côtés, de mon épouse au loin, tout cela cadre avec ma situation actuelle, ainsi qu'avec les difficultés que j'ai à trouver les bonnes voies et les bons moyens pour orienter mes décisions et conduire mes actes.

15 février 2005.

Rêve insolite et intéressant, la nuit dernière. Je me trouve dans une sorte de "café néo-platonicien" qui accueille des personnes, se connaissant ou pas, désireuses de philosopher sur les sujets les plus divers, des personnes qui se regroupent par tables de quatre. Quand j'arrive, seul, je repère une table vide et je vais m'y installer. Peu de temps après, deux personnages, âgés de quelque cinquante ans, s'approchent de moi et me demandent si j'attends quelqu'un, sinon s'ils peuvent prendre place à mes côtés. Je leur réponds que les trois places vides sont libres et qu'ils peuvent s'installer, soit côte à côte, soit en face l'un de l'autre. Ils s'installent et l'un d'eux me demande si je souhaite prendre part à leur échange de propos. Je réponds que cela dépendra des sujets abordés. Ils me disent avoir choisi pour thème de leur conversation d'aujourd'hui l'intérêt qu'on peut trouver, face à une question difficile, à traiter d'un sujet, en abordant un tout autre sujet, mais en essayant de trouver à ce dernier des points communs avec le sujet du débat.

Je suis quelque peu étonné devant une telle proposition, qui me paraît originale, mais, comme je la trouve intéressante, je décide de participer à l'échange de propos. Ceux-ci prennent très vite un tour très abstrait. Les mots utilisés par mes interlocuteurs sont le plus souvent à double sens ou, parfois, cessent même d'avoir un sens ou d'être des mots. Je suis très intéressé, pas tellement par ce qui se dit, mais plutôt par la nature de ce "non langage" dans lequel j'ai l'impression de me déplacer, tel un oiseau dans une volière, et qui m'évoque « l'ombre des mots » .

Quand je me réveille, vers sept heures du matin, j'ai du mal à me dégager de l'ambiance irréelle dans laquelle m'a plongé le rêve. Puis je me mets à essayer de l'analyser. Je le trouve très intéressant et je m'interroge sur les raisons qui ont bien pu le motiver. J'y vois un mélange d'une logique très élaborée, du genre "logique floue", et d'un mode de pensée teinté de folie. En somme, quelque chose qui s'apparente à ma vie quotidienne. Pour ce qui est du cadre, le "café néo-socratique", je pense qu'il est sans doute inspiré par l'émission de télé "Présence Protestante" du dimanche matin précédent, émission qui se déroulait dans un cadre semblable. Quant au thème lui-même, celui de la "fertilisation" d'une recherche par le recours à des détours, je le rapproche de certaines de mes préoccupations présentes. Du fait, par exemple, que je sois amené, actuellement, à m'intéresser simultanément, à propos du thème le l'amour, au livre de Mistral, *Mireille*, (que m'a prêté, en version bilingue, mon collègue Schvartz), et au "Cantique des cantiques" (dont a parlé une émission biblique, le dimanche précédent). Ou, encore, mes recherches actuelles, dans le domaine de la représentation par des collages, où je joue simultanément sur le jeu des formes et des couleurs, sur l'harmonie et sur les contrastes, sur les détails et sur le global.

Lundi 3 avril 2006.

Étrange rêve la nuit dernière. Mon attention est attirée par la couleur curieuse qui recouvre une feuille posée sur ma table de travail. Une couleur que je n'ai encore jamais vue, se situant quelque part entre le vert et le bleu, évoquant l'indigo mais pas vraiment indigo. Une couleur qui retient mon attention et m'intrigue. D'autant qu'elle ne se limite bientôt plus à la feuille de papier. Elle m'imprègne et j'ai l'impression de devenir moi-même couleur. Être une couleur, qu'est-ce que cela peut bien vouloir dire? Je m'interroge. Au point que mes efforts pour y voir clair me réveillent. Je regarde l'heure. Il est 6 h 15 du matin, dehors le jour se lève. Il est temps de me lever à mon tour. C'est ce que je fais.

Reprenant mes interrogations de tout à l'heure, juste avant de me réveiller, je reviens à cette étrange histoire de couleur qui m'avait envahi. « Être une couleur ». Ne serait-ce pas là une sorte de mort ? Ou, plutôt, ne serait-ce pas la vie telle que peut être la vie d'une personne atteinte de la maladie d'Alzheimer ?

20 août 2006 (dimanche).

Le rêve de ce matin retient mon attention, non seulement à mon réveil, mais à plusieurs reprises plus tard. J'en transcris ci-dessous l'essentiel.

Je participe à un colloque sur le thème «Autorité/Permissivité ». L'un des intervenants défend la thèse suivant laquelle les malheurs actuels que connaît le monde sont dus à la trop grande permissivité qui s'est propagée un peu partout et à peu près dans tous les milieux, après la chute des régimes autoritaires d'Hitler, Mussolini, Staline et autres. Suit une chaude discussion à laquelle je participe. Faut-il revenir à plus d'autorité ? Mais, si oui, n'assisterons-nous pas, alors, à une résurgence des dictatures ? N'est-ce pas déjà le cas dans quelques pays sous obédience musulmane ? Que faire ?

Je me réveille. Il est six heures. Je décide de me doucher et de m'habiller. Au repas de midi, je raconte ce rêve à mon compagnon de table, Alain Schvartz. Nous tombons d'accord sur la perspective d'un avenir sombre pour l'humanité, avec la forte probabilité d'une crise majeure, à la suite de l'explosion d'une bombe atomique dont des forcenés se seront emparés. Et notre discussion de s'orienter vers l'Apocalypse. Mon compagnon, ancien pasteur, érudit, m'explique brièvement comment cette notion figure dans les textes religieux anciens qu'il connaît. Je comprends qu'il s'agit, pour ces visionnaires, d'un véritable changement de statut existentiel de notre univers, car le temps et l'espace y seront abolis. Désormais, l'Esprit investira tout et mènera le bal. J'écoute Schvartz, redoublant d'attention, tout en dégustant la cuisse de pintade grillée qu'on vient de me servir. Et je ne peux m'empêcher de mettre en parallèle cette vision apocalyptique de l'avenir du monde et ce que je crois connaître du statut existentiel des Alzheimeriens. Et voici qu'une sorte de vision s'impose à moi : Alzheimer, préfiguration de la future apocalypse de notre monde. Ou, en bref, '*Alzheimer, Apocalypse now'*.

Un peu plus tard, Schvartz me communique une note tirée de ses archives, où la question des écrits sur l'Apocalypse est abordée. Je retiens les deux versets suivants de l'Apocalypse 21 :

Verset 1 - Et je vis un nouveau ciel et une nouvelle terre, car le premier ciel et la première terre avaient disparu.

Verset 2 - Et je vis la ville sainte la nouvelle Jérusalem qui descendait du ciel d'après Dieu, préparée comme une fiancée parée pour son époux.

Et, dans sa note, Schvartz ajoute, en substance :

La première création est située dans le temps, avec les grands luminaires (Gen. 1/14) pour marquer les époques, les temps et les saisons ; et elle situe dans l'espace un morceau de terre (Eretz) qui sera le lieu d'implantation d'un peuple choisi, avec Jérusalem en son centre.

La deuxième création part de l'affirmation de la présence de la gloire de Dieu (Ap. 21/10). Il n'est plus question de terre mais de la réalisation totale du projet de Dieu, et on ne peut situer cette réalisation ni dans l'espace ni dans le temps.

Je vois ces textes en concordance avec ma propre vision. Après l'Apocalypse, comme c'est le cas aujourd'hui dans la tête des personnes souffrant d'Alzheimer, le temps et l'espace n'auront plus la place qu'ils ont actuellement.

25 août 2006.

Ce matin, je me mets au clavier dès 6 h 30, pour noter le rêve étrange que je viens de faire, peu avant mon réveil.

Les choses se passent dans la nef de l'église de *Saint-Germain des Prés*, mais cette nef est différemment orientée, elle se développe parallèlement à l'axe rue de Rennes - rue Bonaparte. Elle est vide, à l'exception de la présence d'une jeune femme que je distingue vaguement, sur ma gauche, les yeux tournés vers une chapelle. Elle est assise à quelque vingt mètres de moi. Je la distingue mal, car la salle est très médiocrement éclairée et, dehors, il doit faire nuit. Mais voici que la nuit complète se fait également dans la nef et, durant un long moment, je ressens une étrange impression d'isolement total : ni lumière, ni bruit. Une sorte de vide, d'absence de toute chose. Mais cela ne dure pas, un faible éclairage revient. Un éclairage curieux, insolite. Je suis moi-même plongé dans l'obscurité, mais, par contre, une lumière voilée éclaire préférentiellement l'endroit où se trouve la jeune femme, si bien que son buste et son visage se détachent sur le fond laissé sombre de la chapelle. On dirait une statue. Autant que je puisse distinguer, elle est, comme moi, étonnée de ces étranges jeux de lumière. Mais elle reste immobile, silencieuse. Je suis fasciné par sa vue, bouleversé par le climat qui règne dans cette église. Je suis enveloppé par l'inédit, par l'étrange. C'est beau, un brin inquiétant. Je me réveille. Je regarde l'heure, il est 5 h 30. Je vais aux toilettes et je me recouche, à demi-sommeillant, jusque à 6 heures, heure habituelle de mon lever. Je me lève effectivement et commence ma toilette. Mais j'ai du mal à m'abstraire de l'étrange climat où m'a plongé le rêve. Je m'interroge. Qu'est-ce que cela signifie, quel symbole porte cette église, à la fois identifiée dans mon rêve comment étant celle de *Saint-Germain des Prés*

– que je connais bien – et dont la nef était tellement différente des nefs classiques ? Qu'est-ce que signifie cet éclairage qui me semble être ni figue ni raisin ? Qu'est-ce que signifie cette femme, mystérieuse, statue vivante ? Brusquement, voilà qu'elle s'éclaire. Ne serait-ce pas *La jeune fille et la mort*, ce personnage de Schubert qui m'a toujours intrigué ? La mort ! Elle était bien présente dans mon rêve, dans cette église, elle y était si vivante. La jeune fille et la mort ! J'ai l'impression que, grâce à ce rêve, ce titre est en train de changer de sens pour moi. Schubert ! Schubert dont j'apprécie tant la musique, que je connais si mal en tant qu'individu, et avec lequel je ressens tant d'affinité, par-delà le temps et l'espace. *Alléluia.*

17 septembre 2006.

Réveil brutal cette nuit. Je viens de revivre en rêve l'épisode d'un vol que j'avais fait à bord d'un avion *Concorde,* il y a une trentaine d'années. Au cours de ce vol, suite à une panne de l'un des moteurs dudit avion, peu après le départ de New York en direction de Paris, l'appareil avait perdu brutalement de sa hauteur, donnant l'impression aux passagers que leur avion plongeait vers l'océan. En fait, le pilote fit admirablement face à la panne, redressa à temps l'avion grâce au moteur restant et nous débarqua en catastrophe sur un terrain désaffecté, du côté de l'Alaska. Cet embryon de chute s'était passé très vite mais avait été très impressionnant. La secousse brutale initiale avait renversé les verres de champagne que l'on venait de nous servir et la plupart des visages des passagers étaient devenus pâles. Je me souviens que je n'avais pas eu peur, essayant, tandis que nous plongions vers l'océan, d'imaginer ce que je devrais faire lorsque l'avion se poserait ou s'écraserait sur l'eau. Et, pour moi, qui ai connu jadis pas mal de situations périlleuses, c'était plus excitant qu'inquiétant. Cette nuit, dans mon rêve, j'ai l'impression d'avoir revécu tout cela à l'identique, ce qui me conduit à penser que mon cerveau a conservé dans le moindre détail les sensations peu ordinaires que j'avais connues alors. Et cela, plus de trente ans après !

26 décembre 2006.

Vers 6 heures, peu avant mon réveil, mon rêve me place dans une étrange situation. Je suis en train de rechercher, dans ma tête, une solution, ou plutôt une voie d'approche, pour résoudre un problème aux contours mal définis, très subtil, baignant dans une lumière jaune pâle. J'entrevois quelque chose qui pourrait faire l'affaire, un morceau d'étoffe peut-être, ou bien un liquide ? Peut-être du thé, ou quelque chose comme ça ? En tout cas, oui, c'est du côté des choses fluides, ou apparentées, que je dois m'adresser. Et je me réveille.

17 septembre 2007.

La nuit dernière j'ai fait un curieux rêve. Un oiseau était venu dans ma chambre, où il exécutait une sorte de danse.

J'observai le spectacle pendant quelques minutes, puis j'essayai de chasser l'oiseau par la fenêtre ouverte.

Mais il refusa et continua son jeu. Je décidai de l'ignorer et je commençai à lire un livre.

Quelques minutes plus tard, quand je laissai ma lecture et que je tentai de voir l'animal, je constatai qu'il s'en était allé.

Au revoir, bon voyage, adorable petit oiseau, ta danse reste dans ma mémoire aussi agréable et fugitive qu'un rayon de lune.

9 décembre 2007.

Cette nuit, peu après le coucher, nouvelle version du rêve récurrent au cours duquel je suis très contrarié parce que j'ai oublié mes clés, tandis que je cherche le moyen de me tirer d'affaire.

Dans cette version, il s'agit des clefs d'un appartement que j'occupe, à l'heure actuelle (dans mon rêve), avec Simonne. Le gardien, auquel je vais devoir faire appel pour m'ouvrir la porte n'est autre que le gérant du *café des Deux Magots.*

Seul mon réveil, vers onze heures du soir, me délivre de mes soucis, mais j'ai quelque mal à me rendormir.

6 février 2008.

Rêve urbain, cette nuit. Triplement urbain, puisqu'il met en scène, successivement trois villes qui, à des titres divers, me sont chères : Lyon, Marseille et Gênes.

Je m'y trouve avec une femme, plus jeune que moi, aux contours mal dessinés. Elle ne connaît pas ces trois grands centres urbains que je dois lui faire visiter. Mais les villes que je découvre avec elle, me surprennent car elles se mélangent. Je retrouve des boulevards du centre de Lyon, mais l'ensemble est dominé par une colline qui me rappelle Marseille. Cet ensemble est d'ailleurs beaucoup plus escarpé que chacune de ces deux villes, se rapprochant davantage de Gênes, avec des façades de maison, hautes en couleur, dominant la mer. Les explications que je donne à la personne qui m'accompagne s'embrouillent.

Je me réveille. Et, lorsque je m'interroge sur la signification d'un rêve aussi tarabiscoté, j'opte pour une sorte de collages d'images, semblables à ceux que je fais à l'aide d'éléments découpés dans des magazines.

9 février 2008.

Me voilà transporté à Gif-sur-Yvette (moyenne bourgade de l'Ile-de-france où je n'ai pas mis les pieds depuis une quinzaine d'années). Mais, surprise ! Je trouve là deux villes, deux villes distinctes, mais se ressemblant telles deux sœurs jumelles. Je m'interroge. Pourquoi ce phénomène extraordinaire ? Pourquoi Gif, ville qui, a priori, ne mérite en rien de recevoir un statut existentiel spécial ?

Au réveil, toujours couché, je poursuis mes réflexions et je me dis que, après les épousailles des villes de Lyon, Marseille et Gênes, dans mon rêve de l'autre nuit, mon propre paysage suburbain semble vouloir entrer en mutation.

Lundi 14 novembre 2009.

Rêve assez curieux la nuit dernière, peu avant le réveil du matin (vers 5h 30). Il ne s'agissait pas, en effet, d'un rêve classique associant des images de la vie quotidienne à la façon d'un film, mais d'un rêve portant sur certaines des sensations dont différentes parties de mon corps étaient l'objet, notamment les bras et les épaules. Ces sensations - tensions, torsions, élongations des muscles - étaient perçues par moi comme des entités bien différenciées. Et je me plaisais, dans mon rêve, à les considérer en tant que telles, alors que, dans la réalité, elles se perdent plus ou moins dans la grisaille et la mouvance des préoccupations du moment.

Au réveil, alors que je m'interroge, je fais soudain le rapprochement avec le cours de résistance des matériaux que nous dispensait le professeur Caquot, à *l'École des Ponts et Chaussées*, il y a quelque soixante-dix ans de ça. Autant que je me souvienne, cet éminent ingénieur essayait de faire vivre à ses élèves, par ses paroles et par ses gestes, le jeu des forces s'exerçant dans une partie de tel ou tel pont - membrure, tablier, poutre maîtresse, etc. - quand celle-ci était soumise à une charge occasionnelle. J'appréciais cette façon d'enseigner. Et, aujourd'hui, je suis tout ébahi.

22 décembre 2010.

Mon rêve de ce matin, juste avant le réveil, me place dans une situation bizarre. J'ai à faire avec un aliment curieux qui n'est autre que la vie, l'existence quotidienne. Mais celle-ci a pris la forme d'une sorte de boudin blanc que je découpe en tranches. Quand, au fur et à mesure de ce repas insolite, je les porte à ma bouche et les avale sans hâte, je ne leur trouve aucun goût particulier. Et je ne m'étonne pas trop de me trouver en présence d'une vie ayant pris une telle forme et étant consommée de la sorte. Les minutes s'écoulent, jusqu'au moment où je constate que je ne suis pas seul. Non loin de moi, perchés sur une sorte de balcon, se trouvent deux jeunes enfants, âgés de 4 et 6 ans, qui m'observent. Ils rient et s'échangent des regards complices. Que font-ils là ? Je m'interroge et je me réveille.

Je regarde l'heure. Il est 7 heures, c'est-à-dire un peu plus tard que de coutume. Mais cela ne pose pas de problème, car le *Châtelet*, cette semaine, sert le petit déjeuner des résidents du rez-de-chaussée à 8 heures 45. Autrement dit, j'ai dormi un peu plus longtemps que d'habitude et je me dis que mon rêve a peut-être contribué à ce retard. Ne s'agissait-il pas de la dégustation de tranches de vie !

9 janvier 2011.

Le rêve de ce matin m'a transporté dans un port méditerranéen, tel qu'Antibes. Je marche sur la jetée, en direction du large. Sur cette jetée se tient une curieuse exposition regroupant sur des étals distincts diverses sortes de fromage, du *Camembert,* notamment, lesquels, une fois sortis de leurs boîtes, ils sont prêts pour la vente.

Cet assortiment offre aux passants deux modes d'attraction. D'une part, il envoie une curieuse combinaison d'effluves, portée par le vent venu du large. D'autre part, il offre à leurs yeux une étrange tapisserie où se mélangent, sans le moindre ordre, les taches de couleur les plus disparates. Je suis fasciné par cette double sollicitation, aromatique et picturale, et je me réveille.

18 janvier 2011.

Ce matin, avant le réveil, rêve bouleversant. Je suis dans un lieu non autrement spécifié, en train de m'interroger sur mon avenir. Je me rends soudain compte que mon statut existentiel est en train d'être remis en question. Autour de moi, il y a des gens qui ne me font plus confiance. Ils remettent en question mon ego. Et, d'ailleurs, je me sens physiquement mal à l'aise, pour des raisons qui m'échappent. Pourquoi, me demandais-je, jusqu'ici, me faisait-on confiance ? Le méritais-je ? Alors, je vais désormais devoir reprendre tout à zéro. Et je m'interroge sur mes pensées qui partent en tous sens et mes sensations qui sont à la fois de plus en plus brouillées et de plus en plus lourdes à porter. Je me réveille.

Il est sept heures, c'est dimanche, avec les émissions religieuses à la télévision que je compte regarder. Je me lève et je prends ma douche.

Mais, tout en me savonnant, je ne cesse de penser à ce rêve. Je baigne dedans. Je tente de me le remémorer avec exactitude, plus que je ne tente de l'interpréter.

5 octobre 2011.

Mon rêve de ce matin me transporte à la sortie d'un village de Provence où se trouvent deux facteurs vêtus de noir. Ils partent dans des directions opposées et, avant de se quitter, se font un signe de la main. J'assiste à ce « spectacle », comme si j'étais devant un récit de Jean Giono ou, mieux, devant un tableau de Van Gogh. Je me réveille.

5 mars 2012.

Ce matin, juste avant le réveil, rêve très attachant. Il m'absorbe totalement et j'ai du mal à m'en détacher, une fois réveillé.

Au début, je me trouve dans une sorte de caverne où je me suis réfugié, avec mon fils Olivier, alors qu'il a sensiblement son âge actuel (quelque cinquante ans). Mon intention est de m'extraire de ce refuge, où je me sens mal à l'aise, et de retrouver l'air libre. Je me mets à gravir la pente qui doit me permettre de sortir. Mais je laisse mon fils derrière moi. Ayant réussi, non sans mal, à retrouver l'air libre, je constate qu'Olivier ne m'a pas suivi. Je me demande pourquoi et je m'inquiète, imaginant qu'il a dû se replier et se cacher, après mon départ, craignant d'être observé et poursuivi. Je décide de redescendre dans l'obscurité de la caverne. Mais, une fois là, toujours pas d'Olivier. Mystère. J'envisage le pire et je me sens angoissé.

Je me réveille. Que peut bien signifier ce rêve ? J'y réfléchis longuement, mon petit déjeuner une fois pris.

Sans doute met-il l'accent sur les difficultés de tous ordres que me fait affronter ma santé depuis quelque temps, en raison de ma prostate et de son traitement. Ces difficultés sont particulièrement éprouvantes durant la nuit. La nuit, qui serait évoquée dans le rêve par l'obscurité de la caverne. Le rêve a-t-il sans doute aussi mis en exergue une certaine « fragilité » d'Olivier, dont la situation économique (travailleur indépendant), reste fragile.

23 juin 2012.

Rêve de fin de nuit qui retient mon attention. Les scènes se passent à l'hôpital de La Salpétrière. Je m'y trouve à un double titre. D'une part, pour accompagner mon épouse qui y vient subir un examen, d'autre part, pour participer à un colloque sur la mémoire des personnes âgées. C'est pour moi, l'occasion de rencontrer des gens intéressants, avec lesquels je peux m'entretenir.

Comme il s'agit d'un colloque, les propos sont souvent recherchés. Et je me laisse aller à en faire autant, utilisant une langue qui ne m'est pas courante et qui me surprend. À la fin de la réunion, nous nous séparons. Et je m'aperçois que j'ai oublié l'endroit où je dois rejoindre mon épouse. J'essaye de me repérer par la pensée dans cet immense établissement. Mais, c'est difficile parce qu'il est compliqué et que je manque de points de repère. Finalement, je prends conscience que la seule façon, pour m'en sortir, est de dresser une liste de tous les endroits où je suis sûr que n'est pas mon épouse. Autrement dit, je dois recourir à une démarche absurde.

15 juillet 2012.

La nuit dernière a été très agitée pour moi, en raison du rêve qui l'a occupée, sans doute pendant plus d'une heure, vers minuit, et qui l'a plus longuement imprégnée. Au réveil, je m'en suis parfaitement souvenu et j'ai décidé de le consigner par écrit.

Ce n'est pas facile, parce que les événements et les situations que je dois décrire se sont déroulés parfois simultanément, mais pas sur le même registre. D'une part, je vivais des sensations souvent très précises, parallèlement, je me livrais à des réflexions sur ce que je vivais et je prenais des décisions rationnelles. En fait, je rêvais que j'étais en train de mourir, comme on a l'habitude d'entendre la mort. Dans mon rêve, je perdais le contrôle de mon corps qui perdait progressivement toute consistance, devenait déliquescent, s'apparentait à du miel ou de la confiture. Il en allait de même pour une partie de ce qui m'entourait. Ainsi, la plupart des personnages auxquels je m'adressais n'étaient que des fantômes, tels que les évoquent les contes d'enfants. Par contre, de nombreux objets conservaient leur apparence. Les murs de ma chambre étaient désormais cloisonnés à l'aide de treillages tels que ceux que l'on a récemment installés au *Châtelet*, autour du chantier voisin. Dans la chambre, il y avait les tas de dossiers que j'avais empilés et mis de côté pour les emporter avec moi.

Autrement dit, bien que mourant matériellement, je continuais à vivre psychologiquement presque normalement et je tâchais de prendre des dispositions appropriées.

Quand, à quelques mois ou quelques années de distance, je me replonge dans de tels rêves, comme je le fais actuellement en les transcrivant, je suis émerveillé par leur qualité, par leur richesse, par leur diversité, et je me pose à leur propos trois types de questions.

La première concerne la composition de ces rêves. La plupart d'entre eux imagine et raconte une histoire, une histoire souvent originale et qui tient debout. En général, l'essentiel du scénario est inventé, parfois il met en scène des personnages réels de ma connaissance, d'autres fois, des personnages imaginaires. L'intrigue et le climat, quant à eux, sont chaque fois originaux, parfois assez surprenants.

Comment le cerveau, sans lequel rien de tout cela n'aurait pu se construire, a-t-il réuni les faits et gestes appropriés, comment a-t-il tissé la toile de l'histoire ? Mystère.

Ma deuxième question concerne la finalité de tels rêves. Je me dis qu'ils ne sont pas gratuits. Ils doivent jouer un rôle dans le déroulement complexe de mon existence. Et, bien sûr, je pense aux thèses des psychanalystes, notamment Freud et Jung, dont j'ai autrefois pas mal étudié les écrits. Mais cela n'éclaire guère ma lanterne.

J'ai tendance à penser que de tels rêves doivent avoir pour rôle de m'offrir une sorte de seconde vie, de m'offrir des occasions de divertissement, de combler des manques, bref, de faire office, à leur manière, de traitement thérapeutique de mon mal vivre actuel. Mais je pense aussi que je devrais porter mes regards bien au-delà et scruter l'arrière-fond de ma vie sur lequel règne, pour le moment, le Sphinx. Affaire à suivre.

Mon troisième questionnement concerne l'évolution de mes rêves au cours des quinze dernières années. J'ai l'impression que, récemment, ils deviennent plus insolites, plus mystérieux qu'autrefois, qu'ils mettent en scène des situations de plus en plus éloignées du réel.

Je pense, entre autres, à mon rêve du 18 décembre 2010 au cours duquel, juste avant mon réveil, mon songe attire mon attention sur une poire, de belle dimension, posée sur le tabouret où se trouve généralement l'appareil de téléphone de ma chambre. Cette présence insolite m'intrique. Pourquoi ce fruit, qu'on nous sert parfois à la salle à manger, se trouve-t-il là et qui a bien pu l'y mettre ? Est-ce une inadvertance de la femme de ménage chargée de faire la chambre une fois par semaine ? Est-ce un enfantillage d'une des résidentes de la maison de retraite quelque peu déboussolée ?

Mais, alors que, toujours dans mon rêve, je continue à m'interroger, je m'aperçois que les choses se compliquent. Il ne s'agit pas d'une poire, mais d'un très jeune enfant, échappé des bras de sa mère et posé là, comme une cerise sur un gâteau.

C'est trop difficile à avaler. Je me réveille. Et je reste un bon moment englué dans ce spectacle déconcertant, pour ne pas dire plus

Et je me dis alors que ces rêves ne peuvent prendre naissance que grâce à ce que j'appellerais volontiers, mais avec prudence, un enrichissement de mon cerveau avec l'âge.

FIN

Table des matières

Page

Récits, Mémoires, Témoignages aux éditions L'Harmattan

Dernières parutions

SAGESSE – Histoire de Mademoiselle Karine
Crespin Barbarie
Barbarie rédige à treize ans une quatrième de couverture présentant et résumant cet ouvrage ainsi : Dans une petite ville appelée : "La Marée" naquit une fille : Karine. Tout au long de ce livre vous pourrez vivre quelques moments simples de sa vie, sa rencontre avec un aveugle, ses idées, ses pensées toujours simples. Ce livre s'adresse aussi bien aux enfants à partir de treize ans qu'aux personnes âgées… L'histoire est dans la plus grande simplicité. Karine prend conscience de la vie et nous la suivrons jusqu'à …
(Coll. Histoire de vie et formation, 19.50 euros, 184 p.)
ISBN : 978-2-336-00473-0, ISBN EBOOK : 978-2-296-51206-1

SUR LES TRACES DES SANS VISAGE
Récit d'une adoption
Frutier Elisa
Qui suis-je ? D'où viens-je ? À qui vais-je ressembler ? Pourquoi dois-je toujours expliquer que j'ai été adoptée ? Ces questions, toujours sans réponses, hantent Élisa Frutier. Ce récit est un journal de voyage et nous transporte dans le quotidien d'un orphelinat à Aracaju dans lequel elle a séjourné pendant trois mois. Une histoire vraie, poignante, parfois drôle, toujours empreinte d'humanité.
(Coll. Trans-Diversités, 13.50 euros, 124 p.) *ISBN : 978-2-296-96242-2*

TOI MON ENFANT DIFFÉRENT, MON ROI, MON ANGE
Récit d'une mère face au handicap
Sarah Linda - Préface de Philippe Pozzo di Borgo
À 26 ans Linda devient maman d'un enfant «différent». Né à six mois et demi, Yoann passe ses deux premiers mois en réanimation. Une grande bataille commence alors contre la fatalité et les pires diagnostics. Le fils de Linda vient de fêter ses trente-cinq ans, sa mère peut enfin raconter ses combats et ses victoires sur l'impossible. Ce livre témoigne de l'espoir, des doutes, des révoltes et surtout de l'amour qui a entouré cet enfant.
(17.00 euros, 170 p.) *ISBN : 978-2-296-99110-1*

VIVRE LA FRATERNITÉ AU COEUR DU MONDE
Maurin Maurice - Préface d'Hervé Janson
Dans la mouvance de Charles de Foucauld (1858-1916), la Fraternité des petits frères de Jésus essaie de vivre la fraternité au coeur du monde. Maurice Maurin rencontre les petits frères de Jésus en 1953. Cela le conduira en Algérie, au

Maroc, en Afrique centrale, en Israël, puis en Europe de l'Est. Depuis plus de vingt ans, il vit en Pologne.
(Coll. Histoire de vie et formation, 28.00 euros, 278 p.) ISBN : 978-2-296-99184-2

TEMPS DE VIE ET TRANSHUMANCE
Carnets de voyage d'une Amazone 2004-2011
Moneyron Anne - Préface de Gaston Pineau
Anne Moneyron, auteur de plusieurs ouvrages, revient ici avec un ouvrage très personnel, écrit avec sa chair, labourée par sept ans d'épreuves. En sept ans, elle a perdu un sein, la vue à un oeil après une tumeur au cerveau. Ces pertes l'ont amenée aux confins d'elle-même et du monde. Fidèle à sa pulsion d'autoformation vitale, elle a transhumé à travers et au-delà de ses terres connues, avec un feu brûlant en elle. Elle en a fait, ose-t-elle dire, un chemin de fortune, un moyen d'autoformation existentielle.
(Coll. Histoire de vie et formation, 15.50 euros, 158 p.)ISBN : 978-2-296-96765-6

SURVIVANTE
Du Kurdistan irakien aux ports du Pas-de-Calais
Rijbroek Dominique
Ce récit est basé sur le témoignage volontaire d'une femme qui vit dans la peur. Elle évoque son enfance au Kurdistan irakien dans les années 60, au sein d'une famille de communistes en lutte contre le pouvoir en place, son métier d'enseignante qu'elle exerce tout en se livrant au trafic d'armes, la vie quotidienne dans un Kurdistan ravagé par la politique de l'Anfal. Épouse d'un universitaire, Dila possède dans son pays une position sociale enviée. Jusqu'à ce jour de septembre 2000 où tout bascule...
(16.50 euros, 162 p.) ISBN : 978-2-296-96827-1

L'HARMATTAN ITALIA
Via Degli Artisti 15; 10124 Torino

L'HARMATTAN HONGRIE
Könyvesbolt ; Kossuth L. u. 14-16
1053 Budapest

L'HARMATTAN KINSHASA
185, avenue Nyangwe
Commune de Lingwala
Kinshasa, R.D. Congo
(00243) 998697603 ou (00243) 999229662

L'HARMATTAN CONGO
67, av. E. P. Lumumba
Bât. – Congo Pharmacie (Bib. Nat.)
BP2874 Brazzaville
harmattan.congo@yahoo.fr

L'HARMATTAN GUINÉE
Almamya Rue KA 028, en face du restaurant Le Cèdre
OKB agency BP 3470 Conakry
(00224) 60 20 85 08
harmattanguinee@yahoo.fr

L'HARMATTAN CAMEROUN
BP 11486
Face à la SNI, immeuble Don Bosco
Yaoundé
(00237) 99 76 61 66
harmattancam@yahoo.fr

L'HARMATTAN CÔTE D'IVOIRE
Résidence Karl / cité des arts
Abidjan-Cocody 03 BP 1588 Abidjan 03
(00225) 05 77 87 31
etien_nda@yahoo.fr

L'HARMATTAN MAURITANIE
Espace El Kettab du livre francophone
N° 472 avenue du Palais des Congrès
BP 316 Nouakchott
(00222) 63 25 980

L'HARMATTAN SÉNÉGAL
« Villa Rose », rue de Diourbel X G, Point E
BP 45034 Dakar FANN
(00221) 33 825 98 58 / 77 242 25 08
senharmattan@gmail.com

L'HARMATTAN TOGO
1771, Bd du 13 janvier
BP 414 Lomé
Tél : 00 228 2201792
gerry@taama.net

Achevé d'imprimer par Corlet Numérique - 14110 Condé-sur-Noireau
N° d'Imprimeur : 101245 - Dépôt légal : septembre 2013 - *Imprimé en France*